中国有色金属工业协会专家委员会组织编写

有色金属系列丛书

# 中国硅业

北京
冶金工业出版社
2014

## 内 容 简 介

本书共分九篇，内容包括硅的发现及硅业发展史、性质及主要产品形式、资源分布、生产技术与工艺、市场供需、产业资本与资本运营、循环经济与安全环保、行业管理与政策法规及主要生产厂家。

本书简明扼要，深入浅出，适合关注、从事硅行业的社会各界人士参阅。

**图书在版编目(CIP)数据**

中国硅业/中国有色金属工业协会主编．—北京：冶金工业出版社，2014.7
（有色金属系列丛书）
ISBN 978-7-5024-6619-0

Ⅰ.①中… Ⅱ.①中… Ⅲ.①硅—有色金属冶金—冶金工业—中国 Ⅳ.①F426.32

中国版本图书馆 CIP 数据核字（2014）第 152985 号

出 版 人 谭学余
地　　址 北京市东城区嵩祝院北巷 39 号 邮编 100009 电话 (010)64027926
网　　址 www.cnmip.com.cn 电子信箱 yjcbs@cnmip.com.cn
责任编辑 张熙莹 美术编辑 彭子赫 版式设计 孙跃红
责任校对 李 娜 责任印制 李玉山
ISBN 978-7-5024-6619-0
冶金工业出版社出版发行；各地新华书店经销；三河市双峰印刷装订有限公司印刷
2014 年 7 月第 1 版，2014 年 7 月第 1 次印刷
148mm×210mm；4.125 印张；78 千字；111 页
**22.00 元**

**冶金工业出版社 投稿电话 (010)64027932 投稿信箱 tougao@cnmip.com.cn**
**冶金工业出版社营销中心 电话 (010)64044283 传真 (010)64027893**
**冶金书店 地址 北京市东四西大街 46 号(100010) 电话 (010)65289081(兼传真)**
**冶金工业出版社天猫旗舰店 yjgy.tmall.com**
（本书如有印装质量问题，本社营销中心负责退换）

# 《有色金属系列丛书》编辑委员会

# 序

为适应有色金属工业发展的需要，普及和提高有色金属知识，提升全国有色金属战线广大干部职工的思想业务素质，促进我国从有色金属生产大国向有色金属工业强国的转变，中国有色金属工业协会组织编写了《中国铜业》等《有色金属系列丛书》（共21本）。《丛书》集中了全行业的智慧和力量，汇集了当今中国乃至世界有色金属领域的最新知识和信息，深入浅出，通俗易懂，融知识性、实用性为一体，是社会各界学习和提高有色金属知识的好教材和实用工具书。

有色金属是经济社会发展必不可少的基础材料和重要战略物资。有色金属作为功能材料和结构材料而广泛应用于人类生活的各个领域，成为当今高新技术发展和国防军工的重要支撑。有色金属的生产和消费水平已经成为衡量一个国家社会进步的重要标志。

中国是生产有色金属品种最全的国家，门捷列夫化学元素周期表中的64种元素的有色金属都能生产。中国是世界生产和消费有色金属最多的国家，到2011年十种有色金属产量已达3438万吨(快报数)，连续10年位居世界第一，年消费有色金属已达3580万吨以上，连续9年位居世界第一。目前全国已有有色金属企业、事业单位3万多家，就业人员360多万。

有色金属涵盖的金属品种多。在元素周期表中，除了黑色金属铁、锰、铬，锕系和超锕系放射性金属元素外，余下64种都为有色金属元素。有色金属成矿条件复杂，矿床类型多样，矿体形态变化大，元素组合多样，勘探难度大，而且需要综合勘探、综合评价。有色金属结构复杂，多种矿物相嵌共伴生关系密切，选矿和冶炼的技术、装备复杂，工艺流程长。有色金属应用领域广，用途千差万别，材料的研制和加工复杂。有色金属元素在原矿中含量低，富集比都在几十、几百、几千甚至几万以上，导致在采矿、选矿和冶炼过程中固体废物多，节能环保压力大，工艺技术复杂。综合上述不难看出，有色金属产业是固体矿产资源开发利用领域最复杂的产业，有色金属知识领域宽广、博大精深。

建设现代化的有色金属工业强国是全行业360多万职工为之奋斗的目标。我相信，《丛书》的出版发行，对增进全社会对有色金属工业的了解，推动全行业广大干部职工学习和掌握有色金属知识必将发挥积极重要的作用。让我们行动起来，为促进我国有色金属工业的持续、稳定发展，为实现有色金属工业发展的既定目标而奋勇前进。

中国有色金属工业协会会长

2012年8月于北京

# 前　言

硅是一种常见的化学元素，在自然界中极少以单质的形式存在，而是以复杂的硅酸盐或二氧化硅的形式广泛存在于岩石、砂砾、尘土之中。在地壳中，它是第二丰富的元素，构成地壳总质量的26.4%。

随着科学技术的进步和人民生活水平的不断提高，硅不知不觉成为了与每个人生活息息相关的元素。硅广泛用于国民经济的各个领域，包括建筑、电子电气、纺织、汽车、机械、皮革造纸、化工轻工、油漆、化妆品、医药、光伏发电等。因此，硅对于国民经济发展起到了重要的作用。

中国不仅是硅的消费大国，同时还是全球最大的生产国。除2009年金融危机外，近几年中国每年硅产量都以10%~15%的速度稳步递增。值得欣喜的是，随着下游需求日益扩大，中国涌现出了一批硅行业的骨干企业，推动整个行业健康稳定地发展。

硅是具有现实意义的战略性半金属元素，无论在战略性新兴产业，还是在高端制造业中都正在或即将发挥重要作用。特别是作为第三次产业革命发展基础的半导体产业和光伏产业，其基础原材料都是高纯硅材料。

为适应中国硅工业的技术进步和产业发展，满足硅行业广大干部职工和社会各界的要求，我们编写了本书，目的是让全行业都来学习硅业知识，让全社会都来认识硅、了解硅，为我国硅工业的发展贡献一份力量。

在此，谨向参与本书撰写和编辑的专家表示感谢，尤其感谢中国有色金属工业协会硅业分会秘书处的大力支持和帮助。由于编写人员能力所限，本书不足之处，恳请广大读者予以批评指正。

编　者

2013 年 10 月

# 目　　录

# 第一篇

# 发现发展史

## 第一章　硅的发现及世界硅业发展史

1787年，法国化学家拉瓦锡（A. L. Lavoisier，1743～1794年）首次发现硅存在于岩石中。1800年，英国化学家戴维（H. Davy，1778～1829年）将其错认为一种化合物。1811年，法国化学家盖·吕萨克（Joseph Louis Gay-Lussac，1778～1850年）通过将单质钾和四氟化硅混合加热的方法制备了不纯的无定形硅。1823年，硅首次作为一种元素被瑞典化学家琼斯·雅可比·贝采里乌斯（Jons Jakob Berzelius，1779～1848年）发现，并于一年后提炼出了无定形硅，其方法与盖·吕萨克使用的方法大致相同。他随后还用反复清洗的方法将单质硅提纯。

### 第一节　工业硅发展史

在发现初期，硅主要是经金属热还原法制得，价格昂贵，因此没能得到广泛应用。20世纪初，人们深入研究了硅石与碳的热还原反应，才找到大规模生产硅的途径，工业硅的制取从此从实验室研究逐渐扩大到工业化、规模化生产。

20 世纪 50 年代前，法国、美国、日本、意大利、瑞典和苏联等国家相继建设了容量为数千千伏安的单相和三相电炉，以硅石为原料、碳质材料为还原剂，在电炉内熔炼工业硅。随着成本降低和应用领域扩大，工业硅的生产规模也以较快的速度发展。

到 60 年代末，已有 10 多个国家生产工业硅，年产量约达 20 万吨。70 年代初期，世界工业硅的需求量年增长率为 8% ~10%，特别是用于有机硅方面的消费量增长得更快，在欧洲市场年增长率曾达到 40% ~45%。

70 年代，石油输出国组织大幅度调整油价，一些国家受石油危机的影响，为了节能，汽车等交通工具不断向轻型化发展，铝硅合金等一些含硅合金的用量增加，使世界工业硅市场曾一度供不应求，售价猛涨。这些情况刺激着一些国家和地区增加或扩大工业硅生产设施，南非、澳大利亚、罗马尼亚等国新建了工业硅厂，加拿大、美国、挪威、委内瑞拉等国扩大了其工业硅厂的生产规模。70 年代末，世界工业硅的消费量几乎翻了一番，约达 40 万吨/年，产量约达 44 万吨/年，巴西、印度、阿根廷等国的工业硅生产也进一步增加。

80 年代，由于资本主义国家经济衰退，世界工业硅供过于求，迫使一些国家不得不压缩生产能力，美国、挪威和日本等国都转产和关停了一些设备。1980 年，资本主义国家工业硅设备的开工率约为77%，1982年降到67%左右。日本70年代中后期有5家公司生产工业硅，拥有生产能力约6万吨/年，到1983年所有生产设备已全部停产（日本工业硅生产设施全部关停，主要是国际能源价格上涨影响的结果）。1983年后，随着资本主义国家经济的复苏，工业硅的消费量增加，生产形势开始好转。到80年代后期，世界生产工业硅的国家已有20多个，总产能达70万吨/年。

90年代以后，由于工业硅产业本身具有高排放、高能耗的特点，该产业逐步转移到发展中国家。其中，巴西地区硅资源丰富，早期一度占据市场较大份额，但由于中国同类产品在国际市场上的价格相对较低，出口量大，许多跨国公司都采用中国的工业硅作为原料进行生产，导致巴西工业硅产量增速放缓。

进入21世纪以来，中国经济发展带动了全球工业硅产业转移到中国，中国的工业硅产量占据世界工业硅总产量的1/2以上。国外工业硅生产主要在美国、加拿大、西班牙、巴西、挪威和澳大利亚等地。截至目前，中国仍然是世界上最大的工业硅生产国及出口国，而工业硅消费主要集中在美国、欧洲和日韩等发达国家和地区。近年来，中国的工业硅消费也增长较快，已经成为世界上主要的工业硅消费国之一。

## 第二节　有机硅发展史

19世纪末，化学家弗里德尔（Friedel）和克拉芙茨

（Crafts）以及稍后的拉登堡（Ledenburg），利用二己基锌和四氯化硅在封管中加热到约160℃，制得了含硅—碳键的化合物四己基硅烷：$2Zn(C_2H_5)_2 + SiCl_4 = 2ZnCl_2 + (C_2H_5)_4Si$。1885年，化学家波利斯（Polis）利用武兹（Wurtz）反应成功地合成了硅的芳烃化合物：$SiCl_4 + 4RCl + 8Na = R_4Si + 8NaCl$（R为苯基、甲苯基或苯甲基）。对有机硅化学进行系统而广泛研究的是英国诺丁汉大学的基本（F. S. Kipping）教授。1904年，他在总结前人实验的基础上，发现了通过格氏反应合成有机硅化合物的途径。直至20世纪30年代末，美国通用电气公司的罗乔（E. G. Rochow）和康宁玻璃厂的海德（J. F. Hyde）采用硅粉与氯甲烷在铜催化剂存在下直接合成了甲基氯硅烷才使有机硅的工业生产成为可能，为有机硅工业的大规模发展奠定了技术基础。

可供实用的第一种有机硅化合物是由20世纪30年代中期在康宁玻璃厂（Corning Glass Works）工作的海德（J. F. Hyde）开发成功的，用作电绝缘清漆的树脂。由于有机硅能耐热，和编成的玻璃带联合使用，显得颇为理想。这种玻璃带由康宁玻璃厂推介作为电工材料。制造有机硅类，涉及有机化学之处很多，康宁厂因缺乏实践经验，所以与道化学公司（Dow Chemical Company）合作共同生产有机硅制品，称为道康宁公司（Dow Corning Corporation）。

1944年，道康宁公司开始制作有机硅流体及绝缘油脂，专供军用。其流体因在广大的温度范围内黏度比较稳定，用于飞行器内反应灵敏仪表的阻尼液，也用于飞行器引擎润滑油内作为抗泡沫剂。其油脂则用于飞行器引擎火星塞井内作为耐潮湿的密封物，无论引擎温度在热的时候或在零度以下，均能保持其溶度及电绝缘性能。20 世纪 30 年代期间，美国奇异电气公司的研究实验所也进行了有机硅化学研究。在那里，罗乔（E. G. Rochow）发明以直接法（Direct Process）制造氯硅烷类，使有机硅生产成本降低。随后，M. C. Agens（也是奇异公司的）对有机硅橡胶提出专利申请。最初的硅氧橡胶，为了能达成对极端温度的抵抗力，物体强度及伸长率较差。自那时起，范围广泛的配制方法不断研究开发成功，于是硅氧橡胶成为了有弹性体中最多样的。二次世界大战后，有机硅产品在军工生产中的成功应用，引起了人们对有机硅的极大兴趣，于是，工业国家都致力于有机硅的研究与生产。

进入 20 世纪 50 年代，德国的瓦克（Wacker，1952）、拜耳（Bayer，1952）及戈特斯密特（Coldschmidt）；日本信越化学（1953）、东京芝浦电器（1953 年并入东芝有机硅公司，后与 GE 合资）及东丽有机硅公司（1966，后与 DC 为主）；法国的罗纳-普朗克（Rhone-Poulenc）及有机硅产品工业公司（SISS，后并入 R-P）；英国的帝国化学工业（ICI，现有机硅部分已转给 R-P）及米德兰公司（Midland，现已并入 DC）；美国联合碳化合物公司（Union Carbide，1956，现已转入 Witco 公司）等，纷纷建成有机硅生产装置。有机硅单体及聚合物的生产技术进一步成熟，产量进一步扩大，成本大幅度下降，产品品种像雨后春笋般地出现。

1966年至今，人们除了把已有成果巩固、发展、改进、利用外，又向有机硅新领域进军。如硅金属键化合物，特别是硅为过渡元素形成的化合物，更有理论意义和实用价值。各种发明纷纷涌现，有机硅化学结出了丰硕的成果。近二十年来，有机硅的应用技术可以说达到了灿烂的景况，如室温硫化硅橡胶和硅烷偶联剂用途的全面开发，生物和医用有机硅高聚物接二连三的涌现，新型高聚物层出不穷。现在有机硅化合物还在向更广阔的领域发展。

## 第三节　多晶硅发展史

全球多晶硅产业发展起源于半导体产业，爆发于光伏产业。1947年12月23日，贝尔实验室在助听器中展示了人类第一块晶体管，William Shockley被誉为晶体管之父。在随后的10年中，晶体管技术不断进步，包括随后发明的单锗晶硅、生长结型晶体管、接触型硅晶体管和固态晶体管开关等；德州仪器和贝尔实验室分别在1954年推出晶体管收音机和全晶体管计算机；瓦克公司同年开始超纯多晶硅生产的实验性工作，1955年生产的多晶硅纯度达到每一千万个硅原子中只有一个杂质原子，1kg的超纯硅价格是10000马克；并且1957年美国第一个轨道卫星“探测者”也首次使用了晶体管技术，且道康宁公司实现了多晶硅的工业生产。这10年间，半导体产业处于最激动人心的“发明时代”。

1958年8月，另一个重大的里程碑出现了，它就是德州仪器公司的 Jack Kilby 将分离的晶体管和器件集成到一个锗片上，向人类展示了第一片集成电路；次年，飞兆半导体的 Robert Noycy 发明了平面工艺技术，使得集成电路可量产化，从此，人类从半导体的“发明时代”进入了“量产时代”。尽管很多人认为是 Jack Kilby 发明了集成电路，但由于 Robert Noycy 发明了制造性更强的集成电路，他与 Jack Kilby 理应一起被称为集成电路的共同发明人。1959 年瓦克公司开始工业化生产多晶硅，多晶硅年产量为 325kg，1960 年道康宁公司在密歇根州建立了首条完整的多晶硅生产线。1963 年 F. M. Wanlass 和 C. T. Sah 首次提出 CMOS 技术；1965 年 Gordon Moore 提出摩尔定律，他预测了硅芯片每隔 18 个月集成度就会翻一番。CMOS 器件的发明有效地实践了摩尔定律。1963 年瓦克公司沉积生长的多晶硅棒直径首次达 58mm。

1970 年，英特尔公司推出第一片 DRAM；次年，英特尔推出 SRAM、EPROM 和第一片微处理器 4004。记忆体芯片和微处理器的发明，决定了半导体工业发展的方向。同年瓦克公司三氯氢硅产品的生产能力达到 2000t。1980 年，IBM PC XT 问世，画出产业标准的大道（Wintel），加速半导体技术发展的进程，让摩尔定律得以持续。Apple Ⅱ 个人计算机的问世，实现人人有计算机的世界。

1982 年，德州仪器公司研发出全球第一枚数字信号处理器（DSP）TMS320，该处理器采用 32 位算术逻辑单元，每秒能处理 500 万条指令（MIPS），与当时许多大型计算机的速度不相伯仲。这项发明开启了数字世界的无限可能。1982 年，瓦克公司在 LP1 区进行三氯氢硅的首次工业转换试车，制得第一例具备光纤品质的四氯化硅产品。1988 年 16M DRAM 问世，1cm$^2$ 大小的硅片上集成有 3500 万个晶体管，标志着半导体产业进入超大规模集成电路（ULSI）阶段。

1994 年，海姆罗克半导体公司成为全球最大的多晶硅供应商之一。2007 年，海姆罗克半导体公司宣布在密歇根州开始建设总投资 10 亿美金的设备扩建项目，该项目使得多晶硅的产量提高 90%，多晶硅的年产量达到 36000t。2009 年，海姆罗克半导体公司投资 10 亿美金的扩建项目的第一阶段开始投产，并且当年多晶硅的产量达到了 27500t。

进入 21 世纪之后，在技术进步和各国政府支持新能源政策的强力推动下，光伏产业进入了快速启动和迅猛发展的阶段。特别是 2004 年以后欧洲地区开始进行政府补贴，欧洲各国新建光伏发电骤增，市场需求急剧扩大。2008 年金融危机之后，欧美等国都将发展新能源（包括光伏产业）作为未来推动经济增长的新增点。借助中国强大的制造业以及廉价劳动力，光伏产业链中最先发展起来的是中后端的太阳能电池以及组件。2002 年 9 月，中国第一家光伏企业无锡尚德第一条 10MW 太阳能电池生产线正式投产，2005 年底太阳能电池的制造能力达到 150MW，挺进世界光伏企业前五强。继无锡尚德之后，太阳能电池以及组件项目在中国各地纷纷上马投产，截至 2010 年，在中国 400 家参与光伏太阳能产业的企业中，有300家左右从事太阳能电池片和电池组件的生产加工。

同样，借助全球光伏产业以及国内光伏制造产业的快速发展，中国多晶硅产业抓住机遇、快速发展。在国家政策支持下，国内多晶硅企业依靠自主创新以及引进技术再创新，基本突破了太阳能级多晶硅生产技术，打破了发达国家对多晶硅生产技术的封锁。其中以洛阳中硅为代表的自主创新技术企业和以江苏中能为代表的引进、吸收、再创新技术的企业，使我国多晶硅产业实现了规模化生产，并跻身世界主要多晶硅生产国行列。

# 第二章　中国硅业发展史

## 第一节　中国工业硅发展史

中国工业硅生产始于1957年，当时在苏联帮助下辽宁建成投产了第一个采用单相双电极炉的生产企业。1960年以后，中国开始自行设计建设单相和三相工业硅炉，并投入生产。20世纪60年代初至70年代末，先后在辽宁、河北、江苏、上海、天津、河南、青海、贵州等省市建成投产了十几个生产企业，形成了近2万吨/年的生产能力。

1980年以后，随着国外需求量迅速增加，中国工业硅开始出口，生产企业如雨后春笋般纷纷涌现。90年代后期，受国际市场工业硅价格下滑以及亚洲金融危机等因素影响，东北、华北、西北、华东等地区一些工业硅企业停产或转产，但当时在电力供应充足且电价较低的贵州、云南、四川等省却新建了一批工业硅企业。

进入21世纪以来，随着中国各地区能源及原材料供应状况和价格的不断变化，无力再继续生产的企业被迫关停，而具有能源等供应优势的地区工业硅企业新建项目仍在不断地进行着。2008年全球金融危机以及国际经济发展的结构性调整更是让一些小型工业硅企业逐步退出市场。目前，中国工业硅产业正朝着产业规模化、设备大型化、操作自动化、生产清洁化方向发展。

## 第二节　中国有机硅发展史

中国有机硅技术的开发始于1952年。当时，北京化工实验所（沈阳化工研究院前身）重点开发格利雅法合成有机硅烷技术，上海有机化学所（中国科学院化学研究所前身）侧重研究硅氧烷的平衡与聚合。1956年，沈阳化工研究院建成有机硅中间实验车间，开展了直接法搅拌床合成甲基氯硅烷及格利雅法合成苯基氯硅烷实验，并用于试制耐高温硅树脂。不久，中国科学院化学研究所及沈阳化工研究院等又相继研制硅油及硅橡胶。

1958年，上海树脂厂建成直接法合成有机硅氯硅烷生产装置，并先后生产出硅树脂、硅油及硅橡胶。60年代以来，北京化工研究院、沈阳化工研究院（从1967年起两院有机硅部分并入晨光化工研究院）及吉林化学工业公司研究院等主要负责有机硅工业技术开发。现在从事有机硅基础及应用研究的主要单位有：中国科学院化学研究所、山东大学、南京大学、武汉大学及南开大学等。主要生产厂家有星火化工厂、吉林化学工业公司电石厂、北京化工二厂、晨光化工研究院二厂、上海树脂厂、浙江开化合成材料有限公司、广东深石化、广东天玉等。

## 第三节　中国多晶硅发展史

我国多晶硅工业起步于20世纪50～60年代，生产厂多达20余家，由于生产技术难度大、生产规模小、工艺技术落后、环境污染严重、耗能大、成本高，绝大部分企业亏损而相继停产和转产，到1994年仅剩下四家，即峨嵋半导体材料厂（所）、洛阳单晶硅厂、天原化工厂和棱光实业公司，合计当年产量为102.2t，产能与生产技术都与国外有较大的差距。

1995年后，棱光实业公司和重庆天原化工厂相继停产。1996年只剩下原峨嵋半导体材料厂和洛阳单晶硅厂2家。这些生产厂生产规模小、工艺技术落后、消耗大、成本高。全国的多晶硅总产能始终在年产数十吨规模上徘徊。

自1997年开始，以北京有色冶金设计研究总院为技术依托，在峨嵋半导体材料厂实施100t/a多晶硅产业化关键技术研究，2000年初，通过了国家鉴定，同年国家计委批准了年产1000t多晶硅产业化项目的立项，2001年批准了项目可行性研究，并给予资金支持，受各种因素的影响，项目进展未按原计划实施。2003年，随着洛阳中硅高科技有限公司成立，“研—产—电—硅”联合体成立，以中国有色工程设计研究总院为技术依托，开始自主研发12对棒节能型多晶硅还原炉，2004年2月通过鉴定。以此为基础，在国家发改委重点行业结构调整专项资金的支持下，建设300t/a多晶硅产业化项目，2005年10月投产，我国首条产业化示范线建成，标志着多晶硅规模化生产技术体系形成，打破了国外多年的技术封锁和市场垄断。

到2005年底，洛阳中硅高科技公司300t生产线已正式投产，二期扩建1000t多晶硅生产线也同时破土动工，河南省计划将其扩建到3000t规模，建成国内最大的硅产业基地。四川峨嵋半导体材料厂（所）是国内最早拥有多晶硅生产技术的企业，2005年太阳能电池用户投资，扩产的220t多晶硅生产线于2006年上半年投产。四川新光硅业公司实施的1000t多晶硅生产线在2006年底投产。此外，云南、扬州、上海、黑河、锦州、青海、内蒙古、宜昌、广西、重庆、辽宁、邯郸、保定、浙江等地也有建生产线的设想。2006年，中国多晶硅产量达到286t，同比增加257.6%，洛阳中硅产量186t，占总产量的65%。国外单项技术开始进入中国。

2007年是我国多晶硅规模化生产元年，中硅高科千吨级扩建项目投产，四川新光年产千吨级项目建成投产。多晶硅总产量1130t，增幅295%。2008年，一大批新建和扩产项目相继投产，包括：洛阳中硅、东汽峨嵋、四川新光、重庆大全、江苏顺大、亚洲硅业、南玻集团、通威股份、特变电工、宁夏阳光、徐州中能、江西赛维LDK、无锡中彩等，总投资额约200亿元，投产规模累计达到2万吨，相当于2000年全世界多晶硅产量，当年我国多晶硅产量4500t，同比增长298.2%，真正实现规模化生产。2008年我国多晶硅需求超过17000t，依然供不应求，仍有70%以上依赖进口。2009年我国多晶硅投产规模8万吨，产量2.023万吨，增幅350%。2010年我国多晶硅投产规模12万吨，产量4万吨。2011年我国多晶硅投产规模16.5万吨，产量8.267万吨，超过美国成为世界第一。

# 第二篇

# 硅的性质及主要产品形式

## 第一章　硅的性质

### 第一节　硅的物理性质

硅（Si）是自然界中分布最为广泛的元素之一，它在地壳中的丰度仅次于氧，为26.4%。硅有无定形和结晶型两种同素异形体。无定形硅呈棕色，粉末状，不导电，密度为2.35g/cm$^3$。结晶型硅固体时呈暗灰色，具有金属光泽，质坚而脆，其貌似金属。

### 第二节　硅的化学性质

硅属元素周期表第三周期$\text{IV}_A$族，原子序数14，相对原子质量为28.085。硅的化合物有二价和四价，其中四价化合物比较稳定。硅晶体中原子以共价键结合，并具有正四面体晶体学特性。在常压下，晶体硅具有金刚石型结构，化学性质非常稳定，除氟化氢以外，很难与其他物质发生反应。室温下，硅表面被氧化形成二氧化硅保护膜；但在高温下，硅几乎能与所有物质发生化学反应。高温时硅跟所有卤素反应，生成四卤化硅；跟氧气在700℃以上燃烧生成二氧化硅；跟氯化氢在500℃时反应，生成三氯氢硅和氢气；并且在高温下能跟某些金属（镁、钙、铁等）反应，生成硅化物。硅的化学性质中更多地显示出非金属性质，电导率介于金属和非金属之间，所以通常被称为半导体。

硅的化学性质具体介绍如下：

（1）与非金属作用。常温下硅只能与 $F_2$ 反应，在 $F_2$ 中瞬间燃烧，生成 $SiF_4$。加热时，能与其他卤素反应生成卤化硅，与氧反应生成 $SiO_2$；在高温下，硅与碳、氮、硫等非金属单质化合，分别生成碳化硅、氮化硅和硫化硅等。

（2）与酸作用。硅在含氧酸中被钝化，但与氢氟酸及其混合酸反应，生成 $SiF_4$ 或 $H_2SiF_6$。

（3）与碱作用。无定形硅能与碱猛烈反应生成可溶性硅酸盐，并放出氢气。

（4）与金属作用。硅能与钙、镁、铜、铁、铂、铋等化合，生成相应的金属硅化物。

## 第三节　硅的用途

硅在自然界中主要以氧化物和硅酸盐的形式存在。以硅酸盐为基础的无机硅化合物（岩石、砂砾、水晶等）广泛存在于自然界中，取之不尽，用之不竭，因此，在工业方面广泛地用于包括水泥、玻璃、陶瓷、耐火材料和混凝土制品等产业。

目前，人们通过碳还原二氧化硅的方式获得结晶硅（业内称为工业硅或金属硅），工业硅广泛用于配制合金、制取有机硅单体和制备高纯硅材料（作为半导体硅材料以及光伏产业基础材料）。随着科学技术的发展，工业硅也逐步应用在金属陶瓷、光导纤维通信等领域，并且在一些高精尖产品中也有少量的应用，如图 2-1 所示。

## 一、制备高纯硅材料

工业硅进一步提纯获得的高纯硅材料在电子工业和光伏产业上具有优良的电学和力学等性能。它的产量和用量标志着一个国家的电子工业水平。在目前信息技术迅速发展的时代，高纯半导体的应用无处不在。无论是大型集成电路，还是电脑芯片都离不开经特殊处理的硅材料。另外，随着能源日趋紧张，以太阳能为代表的新能源已成为各国能源发展的重点，而太阳能电池片的基础材料便是高纯硅材料。

## 二、配制合金

工业硅作为合金的添加元素可以改变合金的物理和化学性能，包括铝合金、镁合金以及部分的铜基、铁基合金都要

图 2-1　硅的主要用途

添加少量的硅，以提高合金的强度、增加抗氧化和耐腐蚀能力。其中硅铝合金是目前硅系合金用途最广泛的合金，其密度小、热膨胀系数低、铸造性能和抗磨性能好，用其铸造的合金铸件具有很高的抗冲击能力和很好的高压致密性，可大大提高使用寿命，广泛地应用于航天飞行器和汽车零部件。

### 三、生产有机硅单体

工业硅磨成硅粉后，与氯甲烷在催化剂作用下高温反应生成甲基氯硅烷（有机硅单体）。有机硅单体通过水解（或醇解）以及裂解、缩聚制得各种不同的有机硅产品，包括硅橡胶、硅树脂、硅油等。硅橡胶弹性好、耐高温，用于制作医疗用品、耐高温垫圈等；硅树脂用于生产绝缘漆、高温涂料等；硅油是一种油状物，其黏度受温度的影响很小，用于生产高级润滑剂、上光剂、流体弹簧、介电液体等，还可加工成无色透明的液体，作为高级防水剂喷涂在建筑物表面。

### 四、制备金属陶瓷

将陶瓷和金属混合烧结，制成金属陶瓷复合材料，它耐高温，富韧性，可以切割，既继承了金属和陶瓷各自的优点，又弥补了两者的先天缺陷。

## 第二章 硅的主要产品形式

根据硅的性质及用途，其产业链可以分为无机硅产业链和硅产业链。其中无机硅产业链主要是对以硅酸盐为基础的无机硅化合物（岩石、砂砾、水晶等）进行生产加工，在工业方面广泛地用于水泥、玻璃、陶瓷、耐火材料和混凝土制品等产业。而硅产业链则以硅石为基础原材料提纯加工成工业硅以及下游产品，其包括三个子产业链，分别是合金产业链、有机硅产业链以及高纯硅产业链。硅产业链结构图如图 2-2 所示。

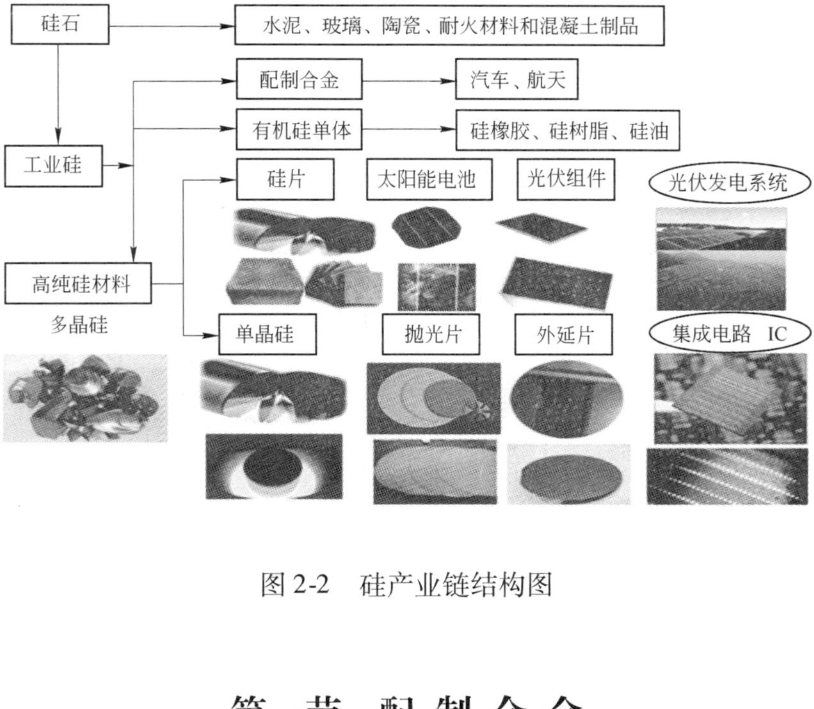


图 2-2 硅产业链结构图

## 第一节 配制合金

配制合金是工业硅消费量最大的领域，其中硅铝合金是用量最大的硅合金。在硅铝合金众多的消费领域中，汽车是用量最多的领域（见表2-1），包括汽车发动机的汽缸体-汽缸盖、汽车制冷设备的散热器、汽车车轮、保险杠、车身、底盘等部位。

**表2-1 中国汽车铝合金及硅含量**

| 汽车部件 | 铝合金含量/kg | 用硅含量/kg |
|---|---|---|
| 进气歧管 | 5~7 | 0.32~0.45 |
| 缸 盖 | 10~13 | 0.6~0.78 |
| 缸体、缸盖罩 | 22~27 | 1.32~1.62 |
| 活 塞 | 3~5 | 0.18~0.3 |
| 摇臂、支架 | 2~3.5 | 0.12~0.21 |
| 机油泵 | 3~5 | 0.18~0.3 |
| 变速箱壳体 | 4~10 | 0.24~0.6 |
| 转向器、制动器 | 1.5~3 | 0.11~0.20 |
| 轮 毂 | 46~54 | 3.68~4.52 |
| 总 计 | 127.5 | 8.05 |

## 第二节 有 机 硅

生产有机硅是第二大硅消费领域。有机硅材料是典型的功能独特、性能优异的化工新材料，具有耐低温和高温、耐老化、耐化学侵蚀、绝缘、不燃等性能，广泛运用于电子电气、建筑、纺织工业助剂和日化等传统应用领域，特别是在军工应用方面更加起到不可替代的作用。

有机硅产业链由原料、单体、中间体、深加工产品四个环节组成，其中生产有机硅的基础原料主要有金属硅、甲醇、氯化氢及其他配合剂；而单体生产中最主要的是甲基单体，占单体总量的90%以上，是整个有机硅工业的基础和支柱；有机硅中间体主要有各种硅氧烷环体及基础硅油、硅橡胶基础胶料等；由有机硅单体及中间体出发，经各种反应，或添加各类填料及助剂，进一步加工成硅油、硅橡胶、硅树脂和硅烷偶联剂等各种终端产品。

目前，中国是有机硅单体最大的生产国和消费国，同时也是有机硅应用大国，但是和国外发达国家相比，中国有机硅人均消费水平仍然较低，仅为美国的1/4、日本的1/5。因此，未来中国有机硅市场需求潜力巨大。

## 第三节　高纯硅材料

生产高纯硅材料是工业硅的第三大消费领域。由于高纯硅材料的化学性质中更多显示出非金属性质，电导率介于金属和非金属之间，并可以利用光伏效应使太阳光照射到硅材料上产生电流直接发电，因此高纯硅材料被应用于半导体产业和光伏产业。光伏发电作为未来唯一能够最大规模满足人类能源需求的可再生资源，包括发达国家在内的各个国家都已积极介入，抢占技术制高点。随着太阳能光伏产业的快速发展，高纯硅材料被业内视为未来最具潜力的新能源基础功能材料。

## 一、半导体产业

21 世纪以来，以通信业、计算机业、网络业、家电业为代表的电子信息产业已成为当今全球规模最大、发展最迅猛的产业。现代电子信息技术，尤其是计算机和通信技术发展的驱动力，都来自于半导体元器件的技术突破，每一代更高性能的集成电路的问世，都会驱动各个信息技术向前跃进，因此，半导体工业已经成为目前信息经济时代的基础工业。整个半导体产业包括上游的硅材料、中游的硅片生产加工以及下游的集成电路和分离器，而下游的集成电路又分为设计、制造和封装三个子工序。整个半导体产业生产制造过程中需要的主要关键原材料有几十种，其中硅材料占全部材料的 90% 以上，因此硅材料的质量和供应直接影响着集成电路的质量和竞争力，是支撑整个产业链发展的最重要一环。

## 二、光伏产业

从技术上看，利用太阳能的最佳方式是光伏转换，即利用光伏效应使太阳光照射到硅材料上产生电流直接发电。太阳能光伏发电是当前世界开发利用新能源与可再生能源的主要形式之一。光伏发电具有安全可靠、无噪声、无污染、能量随处可得、不受地域限制、无需消耗燃料、无机械传动部件、故障率低、维护简便、可以无人值守、建站周期短、规模大小随意、可以方便地与建筑物相结合等一系列的优点，这些都是其他发电方式所不及的。

以硅材料的应用开发形成的产业链条被称为光伏产业，整个产业链条包括高纯硅材料（多晶硅）、硅片、电池片、电池组件以及光伏发电系统。在产业链中，从多晶硅到电池组件，生产的技术门槛越来越低，相应地，公司数量也越来越多。因此，整个光伏产业链的利润主要集中在上游的多晶硅生产环节，上游企业的盈利能力明显优于下游。

# 第三篇

# 硅资源分布

## 第一章　世界硅资源

硅石是单质硅的最初级原料，硅石主要有石英砂岩、石英岩、脉石英、交代硅质角岩和石英砂等，其矿物成分主要为石英（晶质 $SiO_2$），含有少量的 $Fe_2O_3$、$Al_2O_3$、CaO、$P_2O_5$、MgO 等杂质，为块状或粒状集合体、三方晶系、六方柱晶型。硅石质地坚硬，有极佳的耐火性和耐酸性，熔点为1730℃。由于硅是自然界中分布最为广泛的元素之一，它在地壳中的丰度仅次于氧，因此，全球各地都存在硅石资源，但是由于硅石的品质不同，其用途也不一致。生产硅产业链中的基础原料——工业硅所用的硅石纯度（$SiO_2$ 含量）需在98%以上，其中生产化学级工业硅所用硅石的纯度（$SiO_2$ 含量）则需达到99%以上。硅石矿一般参考工业指标见表3-1。

**表3-1　硅石矿一般参考工业指标**

| 矿石品级 | | 化学成分/% | | | | 其他 |
|---|---|---|---|---|---|---|
| | | $SiO_2$ | $Al_2O_3$ | $Fe_2O_3$ | CaO | |
| 硅砖用硅石 | 特 | ≥98 | ≤0.5 | ≤0.5 | ≤0.5 | 耐火度1750℃ |

续表 3-1

| 矿石品级 | | 化学成分/% | | | | 其他 |
|---|---|---|---|---|---|---|
| | | $SiO_2$ | $Al_2O_3$ | $Fe_2O_3$ | CaO | |
| 硅砖用硅石 | Ⅰ | ≥97.5 | ≤1.0 | ≤1.0 | ≤0.5 | 耐火度 1730℃ |
| | Ⅱ | ≥96 | ≤1.5 | ≤1.5 | ≤1.0 | 耐火度 1710℃ |
| 硅铁用硅石 | Ⅰ | ≥97.5 | ≤1.0 | | ≤0.3 | $P_2O_5$≤0.02 |
| | Ⅱ | ≥96 | ≤1.5 | | ≤1.0 | $P_2O_5$≤0.03 |
| 熔剂用硅石 | | 90~95 | 2~5 | 1~3 | ≤3.0 | |
| 硅铝用硅石 | | ≥98.5 | ≤0.5 | | | |
| 工业硅用硅石 | | 98.5~99.5 | ≤0.5 | ≤0.5 | ≤0.5 | $P_2O_5$≤0.03 |
| 石英玻璃用硅石 | | ≥99.95 | 极微 | 极微 | 极微 | $P_2O_5$ 极微 |
| 玻璃原料用硅石 | 一类玻璃要求 | >99 | ≤0.5 | ≤0.05 | | $Cr_2O_3$<0.001，$TiO_2$<0.05 |
| | 二类玻璃要求 | >98 | <1 | <0.1 | | |
| | 三类玻璃要求 | >96 | <2 | <0.2 | | |
| 建筑卫生、日用陶瓷用硅石 | | >98.5 | | | | $Fe_2O_3$+$TiO_2$<0.5 |
| 无线电、陶瓷用硅石 | Ⅰ | >99.5 | <0.2 | <0.01 | <0.1 | $K_2O$+$Na_2O$<0.1，MgO<0.1，烧损量 0.2 |
| | Ⅱ | >98.5 | <1.0 | <0.05 | <0.1 | $K_2O$+$Na_2O$<0.2，MgO<0.1，烧损量 0.2 |
| 电瓷用硅石 | | >98.5 | | <0.15 | | |

数据来源：中国有色金属工业协会硅业分会。

世界硅资源（水晶、石英、天然硅砂等）分布极不平衡。据资料记载，巴西较为丰富，次之为马达加斯加和危地马拉。美国、加拿大、前苏联、法国、意大利、印度、澳大利亚、土耳其、缅甸等 30 多个国家和地区有少量资源。巴西资源总量以及近几十年来的产量和出口量均占世界首位。

由于水晶、石英的深加工产品自第二次世界大战开始被用在军事设备上，且1948年美国贝尔电话研究所三位学者发明半导体，制成半导体收音机以后，紧接着半导体电台相继问世等，水晶、石英已成为一种战略性物资，因此其世界各国产量就难以统计，其世界总储量和年产量均是估算数或未知数。

## 第二章 中国硅资源

根据中国国土资源部的统计，截至2009年底，中国已查明工业硅生产用石英岩及脉石英资源储量共计11亿吨（见表3-2），其中纯度相对较高、能够用作有机硅及多晶硅生产用的脉石英资源储量为6123万吨。另外一些矿山尽管已经被发现，但由于未上报给国土资源部或者没有取得开采许可证，其储量数据没有被包括其中。

**表3-2 截至2009年底中国已勘探硅石、脉石英、石英岩储量**

（万吨）

| 地区 | 基础储量 | | | 资源量 | | | 查明资源储量 | | |
|---|---|---|---|---|---|---|---|---|---|
| | 硅石 | 脉石英 | 石英岩 | 硅石 | 脉石英 | 石英岩 | 硅石 | 脉石英 | 石英岩 |
| 全国 | 284515 | 1806 | 39766 | 558273 | 4317 | 64573 | 829788 | 6123 | 104340 |
| 江西 | 69028 | 18.2 | 9.8 | 44161 | 161 | 90.4 | 113189 | 179.2 | 100.2 |
| 辽宁 | 56021 | 293 | 6728.5 | 10682 | 42.7 | 3640.6 | 66704 | 335.7 | 10369.1 |
| 安徽 | 33534 | 4.6 | 3529.4 | 75705 | 58.7 | 1647.6 | 109239 | 63.3 | 5177 |
| 湖北 | 28544 | 35.4 | 2509.8 | 56079 | 0 | 79 | 84623 | 35.4 | 2588.8 |

续表3-2

| 地区 | 基础储量 | | | 资源量 | | | 查明资源储量 | | |
|---|---|---|---|---|---|---|---|---|---|
| | 硅石 | 脉石英 | 石英岩 | 硅石 | 脉石英 | 石英岩 | 硅石 | 脉石英 | 石英岩 |
| 陕西 | 21712 | 204.4 | 4508.3 | 35006 | 6.9 | 0 | 56718 | 211.3 | 4508.3 |
| 河南 | 16425 | 0 | 4425.6 | 18824 | 16 | 808.8 | 35249 | 16 | 5234.4 |
| 四川 | 10656 | 0 | 656 | 19318 | 6.5 | 2318 | 29974 | 6.5 | 2974 |
| 内蒙古 | 9926 | 80.6 | 2846 | 94518 | 385.5 | 1133 | 104445 | 466.1 | 3979.7 |
| 广东 | 9549 | 549.5 | 0 | 40661 | 0 | 1661.5 | 41210 | 549.5 | 1661.5 |
| 海南 | 7000 | 0 | 0 | 11714 | 2220.8 | 494.6 | 18714 | 2220.8 | 494.6 |
| 北京 | 5000 | 0 | 0 | 50761 | 115.9 | 18646.1 | 55761 | 115.9 | 18646.1 |
| 山西 | 4344 | 0 | 344 | 8013 | 238.5 | 775 | 12357 | 238.5 | 1119 |
| 甘肃 | 4125 | 0 | 2125.8 | 24481 | 107.2 | 4481.2 | 28606 | 107.2 | 6607 |
| 贵州 | 4000 | 0 | 0 | 6174 | 174.4 | 0 | 6174 | 174.4 | 0 |
| 吉林 | 3202.9 | 151.5 | 51.9 | 268 | 94.3 | 174.4 | 3470 | 251.9 | 226.3 |
| 山东 | 1000 | 0 | 0 | 33024 | 24.6 | 0 | 34024 | 24.6 | 0 |
| 新疆 | 447.7 | 443 | 3.7 | 20388 | 380.5 | 1008.8 | 20835 | 605.3 | 1012.5 |
| 福建 | 0 | 26 | 0 | 8496 | 496.3 | 84.3 | 8496 | 522.3 | 84.3 |

注：1. 数据来源于中国国土资源部。

2. 基础储量：经详查、勘探所获控制的、探明的并通过可行性研究、预可行性研究认为属于经济的、边界经济的部分，用未扣除设计、采矿损失的数量表述。

3. 资源量：指查明矿产资源的一部分和潜在矿产资源的总和。

4. 查明资源储量：基础储量与资源量总和。

通过中国国土资源部数据显示，中国硅资源主要分布在江西、辽宁、安徽、湖北、陕西、河南、四川和内蒙古等地，以上8省区硅石的基础储量和资源量分别占全国总量的90%和63.5%。但是结合目前国内工业硅企业分布以及硅石分布，可以大范围地用于工业硅生产的硅石主要分布在湖北、四川、甘肃、新疆、云南、内蒙古等地。具体介绍如下：

（1）湖北。湖北省硅石资源主要分布在谷城县、大悟县、神农架、远安县等地区。谷城县硅石储量在 1 亿吨以上，其中不少矿床储量在 100 万吨以上。该县目前硅石开采企业有 20 家左右，年开采量达 100 万吨。大悟县是湖北另一个硅石主产区，已探明硅石储量 1309 万吨，远景储量在 5000 万吨以上，以上两个区域的硅石资源储量数据是经国家地质调查局于 2009 年取得的官方数据。另通过调研当地工业硅企业，神农架、远安县、通山县及崇阳县也拥有数量可观的高纯硅石，其 $SiO_2$ 含量约为 98.8% ~99.4%，估算硅石资源储量达 5 亿 ~7 亿吨。

（2）四川。四川省硅石分布在北川羌族自治县、甘孜州、喜德县等地。甘孜州是四川最大的硅石分布区，保守估计当地硅石远景储量为 4000 万吨。而北川羌族自治县硅石资源储量约为 800 万 ~1200 万吨。该区域矿床构造简单，无断层及破碎带存在，矿石抗压强度很高，属极坚硬和坚硬岩石类，稳定性能良好。四川喜德县硅石 $SiO_2$ 含量为 96.72% ~97.85%，主要用作建筑硅料，同时也可生产二级冶金用工业硅。

（3）内蒙古。内蒙古硅石矿集中在包头市青山区、乌海市海勃湾区、乌拉特前旗等地。包头市青山区硅石储量 300 万吨，该地区硅石纯度较高，$SiO_2$ 含量在 99.64% 左右，可用作生产有机硅所需的高纯度金属硅。而海勃湾地区高纯度硅石资源同样非常丰富，但由于当地硅石企业环保准备不够充分，当地政府于2010年关停了11家硅石厂。乌拉特前旗硅石资源储量在300万~500万吨之间，当地硅石$SiO_2$含量为98.32%左右，硅石可露天开采，矿区柏油公路相通，交通十分便利。

（4）甘肃。甘肃是国内硅石矿分布较广、查明资源储量较多的省份之一。已发现并查明资源储量的硅石矿主要分布在酒泉市瓜州县、金塔县，张掖市山丹县、肃南县，白银市平川区、靖远县、景泰县，兰州市安宁区、永登县、皋兰县，天水市麦积区，陇南市武都区、文县等。

经查明并登记在省资源储量表上的冶金用石英岩矿产地共计10处，截至2009年底查明矿产资源储量约6607万吨矿石量；脉石英矿产地共计2处，截至2009年底查明矿产资源储量107万吨矿石量。而甘肃省目前已开发利用的硅石矿点较少，仅有4处，分别为兰州市安宁区虎脖子嘴石英砂矿、白银市灰土涝池石英岩矿、景泰县漫水滩乡莲花石英石矿、景泰县干砂河硅石矿，截至2009年度共计动用资源储量约89万吨矿石量，未动用的资源储量还很大。

（5）新疆。新疆巴州为国内较大的硅矿石区之一。目前，巴州和静县已发现硅石矿产地7处，其中矿点2处，储量3000万吨，中型矿床1处，大型矿床4处，估算硅石储量在几千万吨以上，主要分布在巴仑台措尔奥沟及古龙沟、巴音布鲁克东北石英岩矿床一带。巴州和静县地区的硅石资

源中 $SiO_2$ 平均含量达到 95%，其中巴州措尔奥沟脉石英矿 $SiO_2$ 平均含量可达 98%。目前该矿已由泽凯矿业公司进行开发，保有储量在 4000 万吨左右，年开采规模约 20 万吨。

（6）云南。云南省硅石主要分布在玉溪市、保山市及邵通市。玉溪市硅石 $SiO_2$ 含量为 97% ~99%，已探明资源储量 1032 万吨。邵通市硅石 $SiO_2$ 含量在 96. 82% ~99. 16% 之间，同时大部分矿体可露天开采，开发成本相对低廉且十分便利。邵通市硅石主要集中在蒙姑、东坪、老店等乡镇，仅东坪乡凉坪储量就有 157 万吨，全市储量在 4000 万吨左右。保山市是云南另一个硅石主产区，目前该市已探明资源储量达 1601 万吨，远景储量在 5000 万吨以上。

# 第四篇

# 生产技术与工艺

## 第一章　工业硅生产工艺

简单来说，工业硅的生产通常是在电炉中由碳还原二氧化硅而制得。化学反应方程式为：$SiO_2 + 2C = Si + 2CO$，其中一氧化碳再和空气中的氧气反应生成二氧化碳排放到大气中。在实际生产过程中，生产1t的工业硅需要硅石3t左右、还原剂2t左右以及0.1～0.13t的电极。工业硅生产流程如图4-1所示。

### 第一节　工业硅冶炼所用原料要求

工业硅冶炼所用的原料主要有硅石和炭素原料，硅石主要是石英岩，而炭素原料以木炭为主，如果有优质的无烟煤或石油焦，也可以掺用一部分，以增加炉料的比电阻，近年来，个别企业也摸索出了全部用优质无烟煤作为还原剂的全煤工艺。整个生产过程要求石英岩必须具有较高的纯度，以便达到产品的规格；还原剂具有不同的反应能力，以便能与

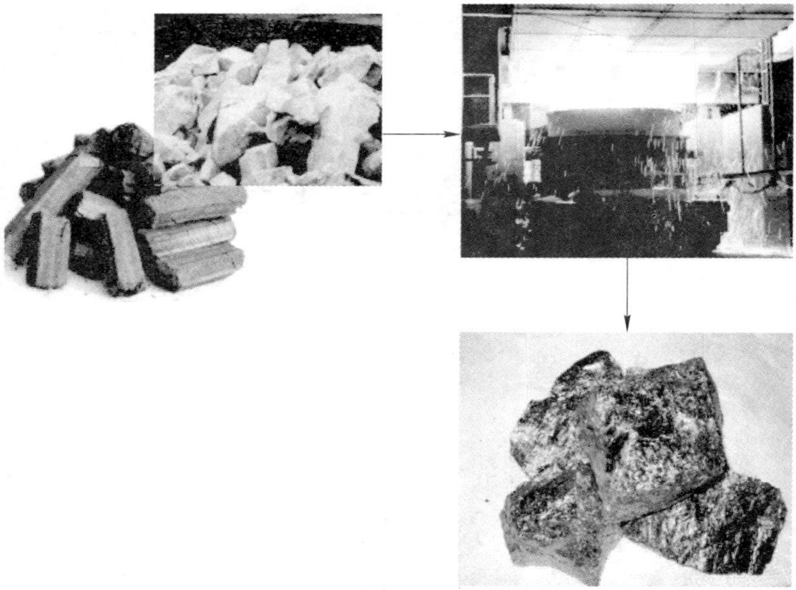

图 4-1 工业硅生产流程

石英石发生充分反应；炉料具有不同的成分，以便通过适当的配合，使炉料在电炉内产生良好的影响。

入炉的硅石要求有一定的粒度。硅石适宜粒度受硅石种类、电炉、容量、操作状况以及还原剂的种类和粒度等多种因素影响，要根据具体的冶炼条件来决定。粒度过大时，由于不能和还原剂以及反应速度相适应，易使未反应的硅石进入液体硅中，造成渣量增多、出炉困难、硅的回收率降低、能耗增大，甚至造成炉底上涨，影响正常生产。粒度过小时，虽能增大还原剂的接触表面，有利于还原反应的进行，但反应过程中生产的气体不能顺利排出，会减慢反应速度，且带入的杂质会增多，影响产品质量。生产中一般小于 5mm

的硅石不宜采用。

工业硅冶炼所用的主要还原剂有石油焦、烟煤、木炭。为增大炉料的电阻率，增加化学活性，也有搭配气煤焦、硅石焦、半焦、低温焦、木块的。炭素原料中的杂质主要是灰分，全部由氧化物组成。在生产中，灰分中的氧化物也要被还原，既要消耗电能，又要消耗炭素，而且被还原的杂质仍然混入硅液中，降低硅的纯度。在生产实践中，炉料中每增加1%的灰分，就多耗电能100～120kW·h，因此，要求炭素原料中的灰分含量越少越好。对于碳质还原剂的化学成分，主要应考虑固定碳、灰分、挥发分和水分。一般要求固定碳要高，这样会减少所需碳还原剂，从而使灰分带入的杂质减少，电耗相对降低。

电极是工业硅生产中主要的消耗材料之一。工业硅生产对电极材料的要求主要有：（1）导电性好、电阻率小，以减少电能损失；（2）熔点要高，热膨胀系数要小，不易变形；（3）高温时有足够的机械强度，杂质含量低。目前国内主要采用石墨电极。石墨电极的灰分含量低，导电性、耐热性和耐腐蚀性能都比较好，是工业硅冶炼的最佳选择。

## 第二节　工业硅冶炼工艺

工业硅的生产工艺流程包括炉料准备、电炉熔炼、硅的精制和浇铸、除去熔渣夹杂而进行的破碎。

## 一、炉料准备

在炉料配制之前，所有原料都要进行必要的处理。硅石在颚式破碎机中破碎到块度不大于100mm，筛出小于5mm的碎块，并用水冲洗洁净。因为熔炉中碎块在炉膛上部熔融，从而降低了炉料的透气性，使生产过程难以进行。石油焦有较高的导电系数，既要破碎到块度不大于10mm，又要控制石油焦的粉末量，因其在炉膛口上直接燃烧，会造成还原剂不足。生产工业硅用的木块和木片是用截料机和木片削片机加工的。炉料中碳质还原剂主要以石油焦和烟煤为主，木块和木片的用量要视炉况来决定。实践证明，生产中不用木质，反而产品质量还更稳定。炉料的配比根据要求所生产的产品级别来定。石油焦和烟煤的配比按每批矿硅需要的碳量来确定。石油焦和烟煤的比例对炉料的工作电阻影响较大。炉料各组分经称量后，混合均匀，待捣炉后，集中加入炉内，保持一定的料面高度，加料均匀。

## 二、电炉熔炼

工业硅生产是连续不断进行的。炉内的状况也不是永恒不变的。由于电炉内是以电能转换成热能，然后再用热能直接加热物料而产生化学反应的过程，因此炉内的电气特性是非常重要的。熔炼实行闭弧操作，保持炉内高温，提高热效率，提高冶炼炉利用率。为生产出恒定均质的金属硅，需要实行最佳的炉子操作。在熔炼过程中，热量主要来源是电能，所以在炉膛内电流的流经路线及各路线的电流量的分布对炉膛内各区的温度分布和整个熔炼过程的进行有重要的影响，要注意保持三相电能的负荷平衡，这样才能提高产量，保证质量，降低电耗。

### 三、产品整理

冶炼后的金属硅熔液从熔炼炉中放出到硅水包中，通过吹氧的方式将产品内的铁等杂质进一步提炼，经过浇铸、除去熔渣夹杂以及进行破碎形成金属硅产品，最后经过包装出售。

## 第三节　工业硅冶炼的技术进步

长期以来，受技术限制，中国工业硅一直以小炉生产为主。2009 年前，6300kV · A 及以下的冶炼炉占到了全国冶炼炉数量的 95%。近几年在政策导向及下游多晶硅、有机硅领域对于化学级工业硅产品需求快速增加的推动下，小炉企业逐渐被淘汰，工业硅炉型得到不断更新。到 2012 年上半年，中国 6300kV · A 及以下冶炼炉数量仅占到总量的 20% 左右，产能不足全国总产能的 15%；12500kV · A 冶炼炉占到了总量的 60%，是目前数量最多的炉型，产能占全国的 50% 以上；25000kV · A 及以上的大型冶炼炉数量仅占总量的 5%，产能占全国的 20%；其余型号冶炼炉如 8000kV · A、10000kV · A 等则占全国总冶炼炉数量的 15%，产能占 10%。

从区域上看，云南、新疆、四川、贵州是中国工业硅产能集中地。2011 年底，这四省产能分别占到了全国的 23%、12.5%、14% 及 14%。其中云南绝大部分硅厂采用 12500kV · A工业炉，也是该种炉型最集中的省份。而湖南、贵州、福建的多数工业硅生产炉仍为 6300kV · A，是小炉企业最集中的 3 个省份。

新疆从 2010 年开始逐渐成为工业硅产能扩张最快的省份。2011 年，新疆已建成工业硅炉达到 60 台，年产能 40 万吨。到 2012 年底，新疆建成工业硅炉已达到 100 台，年产能接近 70 万吨，其中 80% 炉子为 12500kV · A 工业炉。

目前国外主流工业硅炉型以 25000kV · A 及以上为主，最大炉型为 45000kV · A。中国近两年炉型得到不断更新，但与国外工业硅企业相比，仍存在规模小、炉型小、产业集中度低以及生产机械化、自动化程度低等问题，生产工艺以及技术指标有待进一步提高。

## 第二章 有机硅单体生产工艺

有机硅单体生产的主要原材料是硅粉、甲醇和氯化氢。有机硅单体通过水解（或醇解）以及裂解、缩聚添加各种填料（如白炭黑等）和助剂制得各种不同的有机硅产品。

制备硅油、硅橡胶、硅树脂以及硅烷偶联剂的原料是各种有机硅单体，由几种基本单体可生产出成千种有机硅产品。有机硅单体主要有：甲基氯硅烷（简称甲基单体）、苯基氯硅烷（简称苯基单体）、甲基乙烯基氯硅烷、乙基三氯硅烷、丙基三氯硅烷、乙烯基三氯硅烷、γ-氯丙基三氯硅烷和氟硅单体等。其中甲基氯硅烷最重要，其用量占整个单体总量的90%以上，其次是苯基氯硅烷。

任何高分子材料的发展，关键在于单体技术的发展。有机硅工业的特点是集中的单体生产和分散的产品加工。因此，单体生产在有机硅工业中占重要的地位，单体的生产水平直接反映有机硅工业的发展水平。有机硅生产流程如图4-2所示。

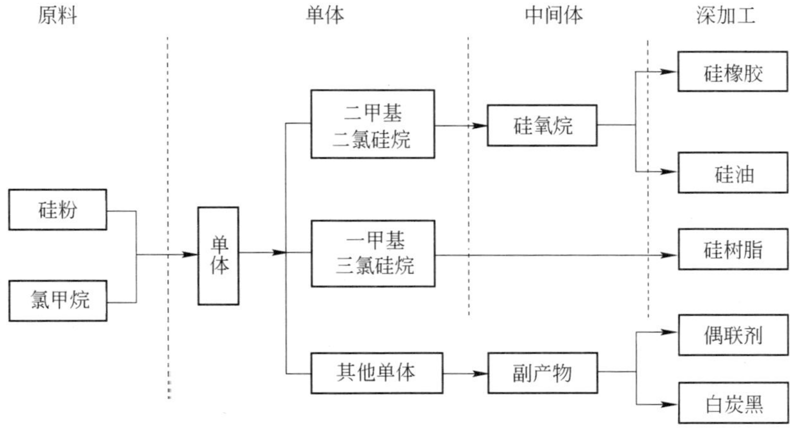


图4-2　有机硅生产流程

目前，世界大有机硅生产厂商均采用直接流化床合成甲基氯硅烷，这是当前唯一成熟的、实现了经济规模生产的工艺技术。采用该工艺技术装置的基本流程均是以硅粉和一氯甲烷为原料，以活性铜粉为催化剂，在流化床中

280～300℃的温度下合成混合单体，经过8～10个精馏塔分离出各种有用的精单体。氯化氢回收循环使用。国外采用该工艺技术的有机硅生产装置单台反应器能力一般在3万～5万吨/年，而装置总规模往往在10万吨/年以上。从生产技术上看，中国各有机硅生产厂均采用直接流化床合成甲基氯硅烷。

有机硅单体由硅粉与一氯甲烷反应合成，一氯甲烷是由甲醇与氯化氢脱水反应合成（$CH_3OH + HCl = CH_3Cl + H_2O$），一氯甲烷和硅可以通过反应 $2CH_3Cl + Si = Si(CH_3)_2Cl_2$ 得到制备有机硅最重要的单体二甲基二氯硅烷。二甲基二氯硅烷经 $nSi(CH_3)_2Cl_2 \rightarrow Si_n(CH_3)_{2n}$ 聚合得到有机硅。理论上每吨二甲基二氯硅烷消耗甲醇0.496t，消耗硅粉0.25t。

# 第三章 多晶硅生产工艺

多晶硅是由硅纯度较低的冶金级硅提炼而来，由于各多晶硅生产工厂所用主辅原料不尽相同，因此生产工艺技术不同，进而对应的多晶硅产品技术经济指标、产品质量指标、用途、产品检测方法、过程安全等方面也存在差异，各有技术特点和技术秘密。总的来说，目前国际上多晶硅生产的传统工艺主要有：改良西门子法、硅烷法和冶金法。改良西门子法是目前主流的生产方法，采用此方法生产的多晶硅占全球多晶硅总产量的85%以上。多晶硅生产流程如图4-3所示。

图 4-3　多晶硅生产流程

## 第一节　改良西门子法

改良西门子法的优点是技术成熟、规模经济性好、生产过程中物料循环利用、环保可控，具有明显的竞争优势。

生产过程主要有：

（1）为了满足高纯度的需要，必须进一步提纯。把工业硅粉碎用无水氯化氢（HCl）与之在一个流化床反应器中反应，生成三氯氢硅（$SiHCl_3$），其化学反应为：$Si + 3HCl \rightarrow SiHCl_3 + H_2\uparrow$。反应温度为300℃，该反应是放热的。同时形成气态混合物（$H_2$，HCl，$SiHCl_3$，$SiCl_4$，Si）。

（2）产生的这些气态混合物通过过滤和多级精馏进一步提纯。

（3）净化后的三氯氢硅采用高温还原工艺，以高纯的$SiHCl_3$在$H_2$气氛中还原沉积而生成多晶硅。其化学反应为：$SiHCl_3 + H_2 \rightarrow Si + 3HCl$。多晶硅的反应容器为密封的，用电加热硅池硅棒（直径5～10mm，长度1.5～2m），1050～1100℃在棒上生长多晶硅，直径可达到150～200mm。这样大约1/3的三氯氢硅发生反应，并生成多晶硅。剩余部分和$H_2$、HCl、$SiHCl_3$、$SiCl_4$等气体从反应容器中分离。这些混合物进行低温分离，或再利用，或返回到整个反应中。气态混合物的分离是复杂的，耗能量大小从某种程度上决定了多晶硅的成本和该工艺的竞争力。

在“十一五”期间，中国为实现采用改良西门子工艺的多晶硅产业化，开展了多项课题研究：基于$SiHCl_3$氢还原法的低电耗多晶硅生成反应器技术；干法尾气回收中$H_2$、HCl、$SiHCl_3$、$SiCl_4$混合气体大能力无油润滑加压装置；$SiCl_4$氢化反应器进料系统控制技术装置；大型多侧线$SiHCl_3$高效提纯技术装置；千吨级多晶硅生产系统自动控制组态技术。

## 第二节 硅 烷 法

硅烷法就是最终用硅烷热解制多晶硅的方法。硅烷有多种制法，目前主流的生产工艺有：硅镁合金法工艺（Komatsu 硅化镁法）、氯硅烷歧化工艺（Union Carbide 歧化法）以及金属氢化物工艺（MEMC 公司发明的新硅烷法）三种。

### 一、硅镁合金法工艺

硅镁合金制备硅烷气体工艺也称小松法工艺，其工艺流程非常简单，实现过年产 5t 规模的试验性的生产装置线。该方法的主要反应有：

$$Si + 2Mg \longrightarrow Mg_2Si$$

$$Mg_2Si + 4NH_4Cl \longrightarrow SiH_4 + 2MgCl_2 + 4NH_3$$

第一步反应在真空或保护气氛下进行；第二步反应在低温液氨下进行，其中生产的氯化镁在液氨环境下与液氨配合成六氨氯化镁。由于成本过高，硅镁合金法工艺到目前为止还没有用于规模化多晶硅生产线。要将该方法运用于大规模生产线上需要解决的主要问题是：

（1）液氨的循环利用。要实现液氨循环利用，必须实现从六氨氯化镁配合物中将氨分离出来，实现氨的循环利用。

（2）传统的小松法制备硅烷气体采用的是批次式反应，

要实现大规模生产，该反应需要改成连续式反应，否则很难实现规模化生产。

（3）该工艺中氨的循环量很大，需要补充大量的冷量，如何实现冷量和热量的充分利用来降低能耗过高的问题需要进一步改进。

## 二、氯硅烷歧化工艺

在氯硅烷化学中，歧化反应涉及5种化合物：$SiHCl_3$（TCS）、$SiH_2Cl_2$（DCS）、$SiCl_4$（STC）、$SiH_3Cl$（MCS）和$SiH_4$（Silane或MS），这五种化合物有一个特性，就是在合适的催化剂作用下，氯原子和氢原子与硅原子所连接的化学键能够自由地打开，这样围绕硅原子的氯原子和氢原子可以互相转移，而转移平衡后形成的混合物的性质取决于氯原子和硅原子的比值（简称氯硅比），由此而发生的一系列反应称之为歧化反应。由于反应产物的氯氢原子进行重新分配，因此氯硅烷化合物的这种反应也称之为再分配反应。

下列这一系列反应是同时发生的，在反应中，发生了两分子以上的同种物质相互传递电子、原子或原子团而产生了几种不同物质的反应：

$$2SiHCl_3 = SiH_2Cl_2 + SiCl_4 \quad (2TCS = DCS + STC)$$

$$2SiH_2Cl_2 = SiH_3Cl + SiHCl_3 \quad (2DCS = MCS + TCS)$$

$$2SiH_3Cl = SiH_4 + SiH_2Cl_2 \quad (2MCS = Silane + DCS)$$

上述反应如果在常温常压的状态下发生，达到平衡以后反应物的转化率是很低的，很多试验数据表明，在封闭状态下，这5种化合物均同时存在于生成物之中，而参与反应物的转化率大约也就在1%～5%。

不过好在生成物中某些组分，尤其是那些被氢原子取代了的反应生成物（如DCS和$SiH_4$）的沸点都很低，要使该反应向右边进行，可以通过低温精馏工艺不断地移走那些低沸点的生成物（DCS和$SiH_4$），同时在催化剂的作用下，有限度地提高反应温度、反应压力及在反应器中的停留时间，这样就能够不断地打破平衡，使得反应尽可能地向右边进行。

随着反应条件和氯硅比的不同，反应生成物中5种化合物的物质的量将发生变化，当氯硅比接近零的时候，混合物出现富硅烷、贫四氯化硅的现象，当氯硅比接近4的时候，混合物出现富四氯化硅、贫硅烷的现象，但在反应生成物中这5种化合物都会同时存在，只是或多、或少。

## 三、金属氢化物工艺

采用氢化铝钠与四氟化硅气体反应合成硅烷气体，化学反应如下：

$$NaAlH_4 + SiF_4 \longrightarrow NaAlF_4 + SiH_4$$

反应生成的粗硅烷气体经吸附塔、脱重塔和脱轻塔纯化精制，把粗硅烷气体纯度提升到99.9999%以上的高纯度电子级硅烷气体，再经过低温液化处理制得的液态硅烷储存在产品硅烷储槽内，通过蒸发液态的硅烷气体变成常温的硅烷气体供硅烷裂解多晶硅工段使用。以上反应中使用的四氟化硅气体利用化肥企业的副产物氟硅酸制得或用其他方法制得。美国 MEMC 公司采用该方法已经大规模生产多晶硅，已经在20 年前用于年产千吨级以上的多晶硅生产线。

## 第三节 冶 金 法

冶金法多晶硅技术是近几年兴起的工艺，由于生产成本低廉而一度受到追捧，但在产品质量上与化学法多晶硅有很大差距，该工艺的主要流程有以下几步。

### 一、金属硅工艺

选取石油焦和木炭作为还原剂，其中的含硼少于 1mg/kg，含磷少于 5mg/kg；采用普通矿热炉作为冶炼炉体。选用高铝低硼的耐火材料作为耐火炉衬，高纯石墨作为电极材料，对硅矿石进行初步的碳热还原。如果还原剂杂质超标，则对还原剂进行酸洗和绝氧烘烤处理，将硼、磷的含量降低到 0. 2mg/kg 以下。通过这个步骤，得到高纯度（99. 9%）的金属硅；硼、磷的含量分别在 3mg/kg、5mg/kg 以下。

### 二、造渣

造渣去杂是通过硅熔体中某些不易挥发性杂质与加入硅熔体中的造渣剂发生化学反应，形成渣相，上浮至硅熔体表面或下沉至硅熔体底部，凝固后，与提纯硅得来的结晶体分开，从而达到去除杂质的效果。

将硅料置入炉内感应加热，吹氧精炼，添加硅酸盐等造渣剂，除磷、硼；添加碱金属、碱土金属盐类，通过造渣和吹氧蒸发来去除硼、钙、铝，精炼后的硅进行粗略定向凝固，使材料中的金属杂质富集在某一部分，并在冷却后将该部分去除。

## 三、酸洗

将硅料进行粉碎至一定粒度，然后进行酸洗处理，主要洗去金属硅中微晶晶界上的杂质，尤其是金属杂质如铝、铁、钙、钛、铜、锌等。然后采用去离子水将工业硅粉反复清洗至中性，并烘干。将硅料进行酸洗处理，可得到99.99%～99.999%的粉料，其中，硼含量小于1mg/kg，磷含量小于3mg/kg，碱金属杂质含量小于50mg/kg。同时，大幅度地降低硅中金属杂质含量，从而缓解后期工序的提纯压力。

## 四、真空熔炼

真空熔炼主要分以下3个阶段：

（1）将硅料放入真空熔炼炉内，抽真空，升温，进行真空熔炼。放入硅料时，加入反应剂，使反应剂与硅料充分反应。该阶段从硅仍是固态时就开始，直到硅的熔化阶段。其目的是使硅料中的硼和磷杂质与反应剂反应生成比较容易挥发、沉淀或者易于从硅中分凝的物质。

（2）吹气。吹气是指以氩气作为载气，将一定种类、数量的反应物质粉末和反应气体以一定流速和压力通入提纯炉，反应物质粉末、反应气体与坩埚中的硅熔体表面杂质发生化学作用，生成渣相或挥发性气体，而杂质气体则不断被真空系统抽走。在本阶段中，将 Ar、$H_2O$、$H_2$、$O_2$、$N_2$ 等反应气体（其中一种或几种）通入，使硅料中的杂质与有关的气体进行反应，反应后的气体逸出。本阶段主要对硼、磷进行去除。整个吹气过程中，通过严格的控制反应气体成分和吹气速度，保持熔炼炉内的热场温度分布和真空度等因素，从而使去除杂质的效果达到最佳。

（3）真空脱气。利用高的真空度，使得硅料中容易挥发的物质挥发。本阶段主要去除碳、氧、氮、磷等元素。

## 五、定向凝固

定向凝固的目的是使硅料结晶形成多晶硅，且分凝系数小的杂质富集到硅锭的顶端。定向凝固分为晶核形成、晶体初长、晶柱生长、长晶完成、退火、冷却等6个阶段。在真空熔炼后段，控制温场，使定向凝固开始。凝固时，实现边结晶边除杂。完成后，可以得到纯度约为99.9999%的冶金法多晶硅。

改良西门子法依然是生产多晶硅最成熟、最可靠、投产速度最快的工艺，与其他类型的生产工艺处于长期竞争状态，很难相互取代。尤其对于国内企业来说，由于技术来源的局限性，选择改良西门子法仍然是最现实的做法。

## 第四节　多晶硅生产技术的进步

中国多晶硅产业化技术不断提升。近年来，全球光伏市场的兴起使中国多晶硅产业迅速发展，在产能、产量、规模年年翻番的基础上，企业通过自主研发、国外先进技术引进与消化吸收结合等方式，在生产实践中积累经验，已突破并掌握了改良西门子法规模化生产的关键技术，并达到了多晶硅大规模产业化生产的目标，对全球多晶硅产业格局产生了较大影响。

同“十一五”初期水平相比，国内多晶硅生产企业在降低生产能耗和生产成本上有很大的技术提高，平均综合能耗和还原能耗分别由 2006～2007 年的 300kW · h/kg 以上和 200kW · h/kg 左右，下降至 2012 年的 150kW · h/kg 和 80kW · h/kg 左右，能耗降幅近 50%。国内先进的多晶硅企业综合能耗和还原能耗已分别下降到 100kW · h/kg 和 50 kW · h/kg 以下，而国内多晶硅平均生产成本也由最初的 70 美元/kg 降至目前的 30～40 美元/kg，个别多晶硅企业的生产成本已降至 20 美元/kg 以下，可与国际先进企业水平相抗衡。

对于四氯化硅的处理，2009 年前不少多晶硅企业主要以外销、综合利用和无公害处理等方式解决。而近三年随着技术的进步，中国多晶硅企业陆续采用氢化处理方式，使其转化为三氯氢硅进行循环利用，既解决了排放问题，又降低了多晶硅成本。目前中国大部分企业以热氢化循环为主，而几家多晶硅大厂通过改用冷氢化技术实现节能降耗，使生产成本大幅降低。从整体来看，中国企业的技术水平仍参差不齐，节能减排和降低成本的压力仍然存在。面对日益严峻的国际竞争压力，通过技术创新、改造和提升，进一步降低生产成本，是目前中国多晶硅企业面临的重要课题。

第五篇

# 硅市场供需

## 第一章　工业硅市场

### 第一节　全球工业硅产业分布情况

全球工业硅产业主要分布在中国、巴西、北美、欧洲等地区。据统计，目前在中国以外的国家和地区，工业硅冶炼厂仅50家左右，工业硅生产商主要分布在美国、加拿大、巴西、挪威、西班牙等地。2007~2010年期间，分布在美国、加拿大、巴西、挪威、西班牙和澳大利亚的11家公司工业硅产量分别占中国之外总产量的96%、93%、75%和80%（见表5-1）。

**表5-1　国外主要工业硅生产商产能和产量**（万吨）

| 国家 | 公司名称 | 产能 | 产量 | | | |
|---|---|---|---|---|---|---|
| | | | 2007年 | 2008年 | 2009年 | 2010年 |
| 美国 | Globe Metallurgical | 16 | 15.3 | 15 | 9.5 | 15 |
| 加拿大 | Timminco | 8.2 | 4.5 | 7.4 | 5.3 | 5.5 |

续表 5-1

| 国家 | 公司名称 | 产能 | 产 量 | | | |
|---|---|---|---|---|---|---|
| | | | 2007 年 | 2008 年 | 2009 年 | 2010 年 |
| 巴西 | Rima | 6 | 5. 1 | 4. 2 | 2. 6 | 4. 5 |
| | CCM | 4. 5 | 4 | 3. 5 | 3. 5 | 4. 1 |
| | CBCC | 5. 7 | 4. 5 | 5 | 5. 3 | 5. 4 |
| | Liasa | 5. 5 | 4. 8 | 4 | 2. 6 | 5 |
| | Minasligas | 2. 6 | 2 | 1. 8 | 1. 2 | 2 |
| 挪威 | Elkem | 12 | 10 | 10. 8 | 8. 2 | 8 |
| | Fesil | 5. 5 | 4. 1 | 4. 7 | 2. 1 | 3. 7 |
| 西班牙 | Ferroatlantica | 27 | 19 | 19 | 12. 7 | 20 |
| 澳大利亚 | Simcoa | 3. 3 | 3. 3 | 3. 3 | 3. 3 | 3. 3 |
| 小 计 | | 96 | 76. 6 | 78. 7 | 56. 3 | 76. 5 |
| 中国之外 | | 125 | 80 | 85 | 75 | 95 |
| 中国 | | 275 | 90 | 100 | 75 | 115 |
| 总 计 | | 400 | 170 | 185 | 150 | 210 |

数据来源：中国有色金属工业协会硅业分会。

工业硅属于资源性、高能耗、高排放行业，在生产过程中，需要消耗大量的能源，并且能源成本占总成本的 50% 以上。因此，中国工业硅企业主要分布在水电丰富的西南地区，或能够获得低价电力资源的西北地区以及东北黑河、临江地区。尤其是在西南地区，因其具备独特的地理优势以及廉价的水电资源，该地区工业硅产能和产量的市场份额超过 60%。2010 年，西南地区工业硅产能占全国总产能的 65% 以上。

## 第二节 全球工业硅市场供需情况

据中国有色金属工业协会硅业分会统计，2010 年底，全球工业硅总产能已经达到 400 万吨以上，其中中国的产能为 275 万吨，其他国家和地区的产能在 125 万吨左右。2010 年，受市场需求恢复以及下游企业大量重建库存的驱动，全球工业硅产量同比大增 40% 至 210 万吨，其中中国产量为 115 万吨，全球占比 55%；其他国家产量为 95 万吨，全球占比 45%。除中国外，产量比较大的国家包括巴西、美国、法国、挪威、俄罗斯等，但和中国产能利用率不足 50% 相比，其他国家和地区的产能利用率均在 85% 以上。2010 年全球工业硅消费结构如图 5-1 所示。

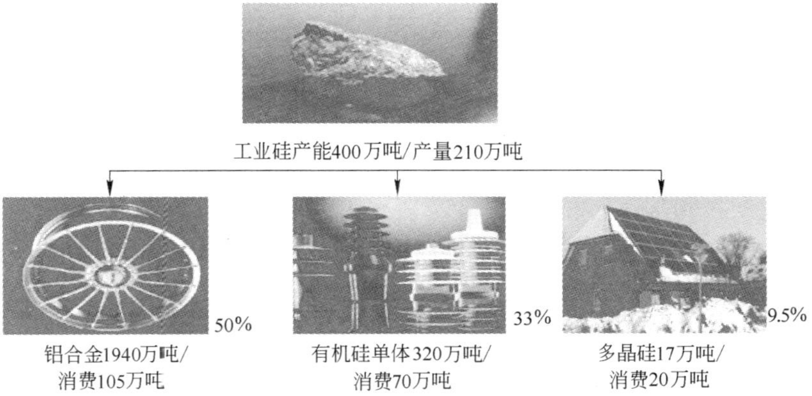


图 5-1 2010 年全球工业硅消费结构

由于工业硅产业本身具有高排放、高能耗的特点，该产业已经转移到发展中国家。其中，巴西地区硅资源丰富，早期一度占据市场较大份额，但由于中国同类产品在国际市场上的价格相对较低，出口量大，许多跨国公司都采用中国的工业硅作为原料进行生产，导致近几年巴西工业硅产量没有明显增加。近年来，中国经济发展也带动中国工业硅产能大量增加，从2005 年开始，中国成为世界上最大的工业硅生产国及出口国。2006 ~ 2010 年全球工业硅产能和产量见表5-2。

**表 5-2　2006 ~ 2010 年全球工业硅产能和产量**

| 年　份 | | 2006 年 | 2007 年 | 2008 年 | 2009 年 | 2010 年 |
|---|---|---|---|---|---|---|
| 产能/万吨 | 全球 | 250 | 280 | 310 | 350 | 400 |
| | 中国 | 170 | 200 | 220 | 240 | 275 |
| | 中国之外 | 80 | 80 | 90 | 110 | 125 |
| 中国占比/% | | 68 | 71 | 71 | 69 | 69 |
| 产量/万吨 | 全球 | 160 | 170 | 185 | 150 | 210 |
| | 中国 | 80 | 90 | 100 | 75 | 115 |
| | 中国之外 | 80 | 80 | 85 | 75 | 95 |
| 中国占比/% | | 50 | 53 | 54 | 50 | 55 |

数据来源：中国有色金属工业协会硅业分会。

目前，工业硅消费主要集中在美国、欧洲、日本和韩国等发达国家。2010 年，全球工业硅消费量共计 200 万吨，同比增长 33.3%，其中中国工业硅消费量为 47 万吨，全球占比 23.5%，远低于 54.8% 的产量占比；欧洲、美国、日本和韩国消费量合计115万吨，全球占比57.5%。随着全球电子信息产业的快速发展和新材料的广泛应用，世界工业硅消费量必将逐年递增。随着发展中国家人民生活水平的提高，工业硅在汽车、有机硅甚至多晶硅方面的需求将不断增加，未来发展中国家对工业硅的消费也将逐步增加。2006~2010年全球分地区工业硅消费量见表5-3。

**表5-3 2006~2010年全球分地区工业硅消费量**

| 年份 | | 2006年 | 2007年 | 2008年 | 2009年 | 2010年 |
|---|---|---|---|---|---|---|
| 消费量/万吨 | 全球 | 160 | 170 | 183 | 150 | 200 |
| | 美国 | 25 | 25 | 30 | 20 | 30 |
| | 欧洲 | 45 | 45 | 50 | 30 | 50 |
| | 日本和韩国 | 40 | 45 | 45 | 30 | 35 |
| | 中国 | 18 | 20.5 | 28 | 35 | 47 |
| | 其他 | 32 | 34.5 | 30 | 35 | 38 |
| 中国占比/% | | 11 | 12 | 15 | 23 | 24 |

数据来源：中国有色金属工业协会硅业分会。

而分行业（产品）消费来看，原来主要用于铝合金行业的冶金级工业硅总量逐年增加，但市场份额逐步缩减。而随着有机硅和光伏产业的快速发展，化学级工业硅的消费量和比重正在快速增加。2010年全球化学级工业硅的市场份额达到45%，较5年之前的38%增加了7个百分点（见表5-4）。

表 5-4　2006～2010 年全球分行业（产品）工业硅消费量

| 年　份 | | 2006 年 | 2007 年 | 2008 年 | 2009 年 | 2010 年 |
|---|---|---|---|---|---|---|
| 消费量/万吨 | 全球 | 160 | 170 | 183 | 150 | 200 |
| | 铝合金 | 95 | 95 | 100 | 80 | 105 |
| | 有机硅 | 50 | 60 | 68 | 53 | 70 |
| | 多晶硅 | 10 | 10 | 10 | 12 | 20 |
| | 其他 | 5 | 5 | 5 | 5 | 5 |
| 化学级工业硅消费所占比例/% | | 38 | 41 | 43 | 43 | 45 |

数据来源：中国有色金属工业协会硅业分会。

总之，未来中国以外的其他地区工业硅产能扩张有限，消费增长也相对较低。而在中国，工业硅产能将不断扩张，消费也呈现快速增长。预计未来世界工业硅生产重心仍将继续往中国偏移，中国将成为全球硅产业发展的原料供应基地以及最大的消费地。从不同工业硅产品的消费发展趋势看，在有机硅和光伏产业快速发展的推动下，化学级工业硅的消费比例将不断提高。

## 第三节　中国工业硅市场供需情况

近年来，随着多晶硅、光伏和有机硅产业的快速发展，中国工业硅产能、产量也出现大幅的增加。据中国有色金属工业协会硅业分会统计，中国工业硅产能已经从 2006 年的 170 万吨增加至 2010 年的 275 万吨，同期产量从 80 万吨增加至 115 万吨，年均增长率分别为 12.8% 和 9.5% 。特别是在金融危机之后，随着大量有机硅和多晶硅项目的投产以及汽车产量的剧增，国内工业硅市场需求大幅增长，进一步激发了民间投资工业硅产业的热情，其产能在短期内呈现快速增长的态势。

中国不仅是全球最大的工业硅生产国和消费国，也是最大的出口国。近几年来，中国工业硅出口量一直占到国内产量50%左右。为了满足国际市场工业硅需求的快速增加，中国从2000年开始大量出口工业硅，特别是2006年以后，出口量维持在60万吨以上，其中2007年和2008年，中国工业硅出口量接近70万吨，2009年受到金融危机影响，出口量下滑至40万吨。但是，随着全球经济复苏，2010年我国工业硅出口再次回到60万吨以上，达到63.35万吨。

目前中国国内工业硅广泛用于配制合金、制取有机硅和高纯半导体材料（见图5-2）。特别是随着近年来产业转移以及国内工艺技术的快速发展，中国工业硅在制取有机硅和高纯半导体材料领域的消费应用快速增加。据硅业分会统

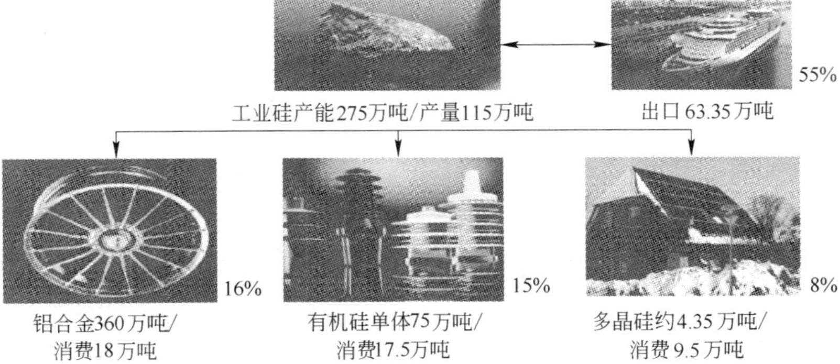


图5-2　2010年中国工业硅消费结构

计，2010 年中国工业硅消费量为 47 万吨，其中合金消费 18 万吨，有机硅消费 17.5 万吨、多晶硅消费 9.5 万吨；而在 2006 年，中国工业硅消费仅为 19 万吨，其中铝合金为 9 万吨，有机硅 6 万吨，而多晶硅消费接近于零（见表 5-5）。

**表 5-5 2006～2010 年中国工业硅分行业供需情况**

（万吨）

| 年　份 | 2006 年 | 2007 年 | 2008 年 | 2009 年 | 2010 年 |
|---|---|---|---|---|---|
| 产能 | 170 | 200 | 220 | 240 | 275 |
| 产量 | 80 | 90 | 100 | 75 | 115 |
| 出口 | 61.35 | 69.85 | 69.27 | 42.17 | 63.35 |
| 国内消费 | 19 | 20.5 | 28 | 33.5 | 47 |
| 其中：铝合金 | 9 | 10 | 12 | 13 | 18 |
| 有机硅 | 6 | 7.5 | 12 | 15 | 17.5 |
| 多晶硅 | 0 | 0.5 | 2 | 3.5 | 9.5 |
| 其他 | 4 | 2.5 | 2 | 2 | 2 |

数据来源：中国有色金属工业协会硅业分会。

# 第二章　有机硅市场

## 第一节　全球有机硅产业分布情况

世界有机硅工业始于 20 世纪 40 年代，1941 年美国学者 Rochow 发明了直接法合成有机氯硅烷技术，为有机硅的工业化生产奠定了基础。此后，有美国道康宁公司（Dow Corning）、通用电气公司（GE），德国瓦克公司（Wacker）、拜耳公司（Bayer），英国帝国化学工业公司（ICI），法国罗纳-普朗克公司（Rhone-Poulent），日本信越公司（Shin-Etsu）、东芝公司（Toshiba）等先后从事有机硅单体生产。上述公司自20世纪90年代以来，进行了许多重大的兼并与整合，如通用电气兼并了拜耳和东芝，罗纳-普朗克将有机硅业务剥离组成了罗地亚公司（Rhodia），形成了道康宁、通用电气、瓦克、罗地亚、信越五大公司。进入21世纪，美国阿波罗-迈图收购了通用电气的有机硅业务，中国蓝星收购了罗地亚的有机硅，形成了新的五大公司即美国道康宁、迈图，德国瓦克，日本信越和中国蓝星，这五大公司占全球有机硅总产能的70%以上（见表5-6）。

**表5-6 2010年全球有机硅单体分布情况**

| 企　业 | 道康宁 | 迈图 | 瓦克 | 信越 | 蓝星 | KCC | Penta | 中国其他 | 合计 |
|---|---|---|---|---|---|---|---|---|---|
| 产能/万吨 | 116 | 57 | 60 | 28 | 42 | 17.5 | 3.5 | 111 | 435 |
| 比例/% | 26.7 | 13.1 | 13.8 | 6.4 | 9.7 | 4 | 0.8 | 25.5 | 100 |

数据来源：中国有色金属工业协会硅业分会。

进入21世纪以来，中国有机硅工业步入了快速发展时期，随着甲基单体生产规模不断扩大，有机硅产业的基础原料供不应求、主要依赖进口的局面逐渐得到改变，价格也日趋合理，为有机硅下游产品的发展和扩大应用领域奠定了坚实的基础。截至2010年，中国有机硅单体生产企业超过15家，总产能170万吨/年以上。蓝星星火、山东金岭和山东东岳分别建成10万吨/年生产装置。道康宁和瓦克公司在张家港合资建设的38万吨/年生产装置、新安和迈图合资建设的10万吨/年甲基单体装置于2010年相继投产，世界有机硅单体生产正在向中国转移，中国已成为世界有机硅单体生产规模最大的国家。同时，中国有机硅单体产业已经进入群雄争霸的阶段（见表5-7）。

**表5-7　2010年中国有机硅单体分布情况**

| 地　区 | 浙江 | 江苏 | 山东 | 江西 | 山西 | 河北 | 四川 | 湖北 | 合计 |
|---|---|---|---|---|---|---|---|---|---|
| 企业数/个 | 4 | 4 | 3 | 1 | 1 | 1 | 1 | 1 | 16 |
| 产能/万吨 | 47 | 56 | 32 | 20 | 6 | 6 | 3 | 6 | 176 |

数据来源：中国有色金属工业协会硅业分会。

## 第二节　全球有机硅市场供需情况

进入21世纪以来，全球有机硅材料总体发展趋势向规模化、高性能、精细化、轻量化、多功能化、复合化、低成本和高附加值方向发展，但各国、各地区差异较大。由于中国在资源、市场、劳动力成本及技术配套能力等方面的优势，全球有机硅单体生产正逐步向中国转移。2005年以来，新建有机硅单体装置主要集中在中国（包括外国公司独资和合资企业），发达国家几乎没在其本土新建和扩建项目。据中国有色金属工业协会硅业分会统计：2005年全球有机硅单体总产能约232万吨，2010年增加到435万吨，其中中国占170万吨（指建于中国境内的总产能），为全球总产能的39.5%。2005年全球有机硅单体总产量约220万吨，近年来一直保持稳定增长，2010年达到320万吨，增长主要源自中国。2005～2010 年全球有机硅单体产量年均增长率为7.8%，而中国为34.9%。

随着经济的发展和有机硅产品应用领域的不断扩大，全球有机硅工业一直以高于经济增长速度发展。2005 年全球有机硅产品的消费量（按有机硅单体计算）约 230 万吨，2010 年达到约 310 万吨，年均消费增长率为 6.2%。同样，2005～2010 年，中国表观消费量增量超过 60 万吨，占全球消费量增量的 80%。并且全球其他国家和地区与中国有机硅消费结构有很大差别，其他国家和地区硅油占有较大比例，主要用于纺织和日化行业，而中国有机硅是以加工制造业为主的产业格局，其产品以硅橡胶为主。中国市场上，硅橡胶主要用于建筑、电子电器、汽车、机械等行业。

2000～2007 年，美国有机硅消费年均增长率为 1.5%。受金融危机的影响，2008 年和 2009 年消费量有所下降。2010 年美国有机硅产量（折 100% 单体）约 70 万吨，消费量约 52.2 万吨，其中硅油、硅橡胶和硅树脂分别为 12.6 万吨、12.9 万吨和 0.6 万吨。而在西欧，近年来有机硅业务重组力度较大，有机硅产业持续保持高于 2.3% 的 GDP 增长速度，主要归因于新产品不断开发，并应用到新的领域，如汽车、电子、建筑、纺织、个人护理和医疗等。2010 年西欧有机硅产量（折 100% 单体）约 80 万吨，同年消费量约 69 万吨，硅油、硅橡胶、硅树脂分别为 16.5 万吨、15.7 万吨和 2.1 万吨。2010 年在日本，有机硅产量（折 100% 单体）约 30 万吨，同年消费量约 18.5 万吨，硅油、硅橡胶、硅树脂及其他分别为 3.7 万吨、2.8 万吨和 2.8 万吨，消费年增速仅为 2.1%。

## 第三节　中国有机硅市场供需情况

近年来，随着中国国民经济的高速发展，加之蓝星星火突破万吨级有机硅单体生产技术，中国有机硅产业实现了突飞猛进的发展，有机硅产能、产量、消费量均已跃居世界前列。同时，中国有机硅市场是全球增长最快的市场，自 2000 年以来有机硅单体产能、产量年增幅均在 20% 以上。据中国有色金属工业协会硅业分会统计，2005 年我国甲基单体生产企业只有 3 家，总产能 25 万吨/年，单套设备生产能力 5 万吨/年，产量为 19.1 万吨，表观消费量为 54.6 万吨，国产份额只占 35%。经过“十一五”期间的快速发展，2010 年底，已建成甲基单体厂 15 家，总产能 170 万吨/年，是“十五”末的 6.8 倍，且单套设备生产能力达到 10 万吨/年，基本实现了规模化生产（见表 5-8）。尽管国内有机硅产能、产量出现快速增加的态势，但是目前单体产量仍不能满足市场需求，2010 年我国进口 19.6 万吨聚硅氧烷（相当于 39.2 万吨单体）。

**表 5-8　2006～2010 年中国有机硅供需情况**

| 年　份 | 2006 年 | 2007 年 | 2008 年 | 2009 年 | 2010 年 |
|---|---|---|---|---|---|
| 产　能 | 36.5 | 52.5 | 67.7 | 90 | 170 |
| 产　量 | 24 | 30 | 48 | 60 | 75 |

续表 5-8

| 年 份 | 2006 年 | 2007 年 | 2008 年 | 2009 年 | 2010 年 |
|---|---|---|---|---|---|
| 进口量 | 33.7 | 37.7 | 43.3 | 37.2 | 39.2 |
| 出口量 | 6.14 | 6.2 | 6.78 | 6.78 | 10.2 |
| 表观消费量 | 51.56 | 61.5 | 84.52 | 90.42 | 104 |

数据来源：中国有色金属工业协会硅业分会。

从消费结构来看，电子电气行业是中国有机硅下游消费第一大行业，纺织、建筑行业消费比重稳定下降，但是主要增长领域却是光伏、建筑和交通运输行业（见图 5-3）。金融危机之后，世界经济正缓慢复苏，轻工、纺织、医疗行业也在逐步回援。有机硅在造纸行业中大量用于消泡剂、表面处理和硫化等。高温胶、密封胶和硅树脂广泛应用于电子行业，具体来说包括家电、太阳能材料、电脑、手机等。另外化工行业的农药助剂、染料助剂、药品助剂、杀虫剂和灭火剂中的助剂也使用了大量有机硅。上述提及的各行业未来发展空间很大，复苏迹象明显，这也是有机硅在未来几年内发展的主要领域。

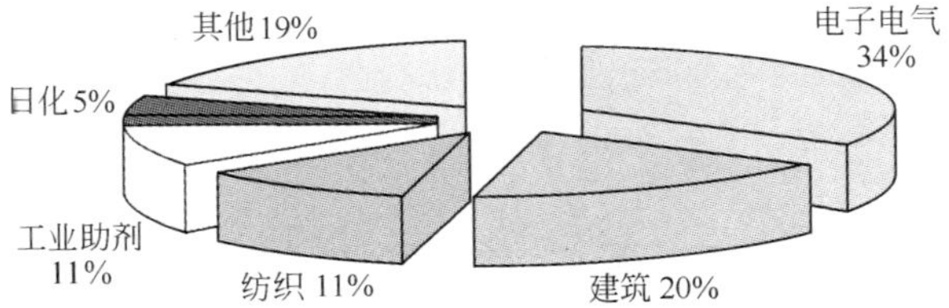


图 5-3 中国有机硅消费结构图

2010 年中国有机硅单体消费量为 104 万吨，是 2006 年 51.6 万吨的 2 倍以上，“十一五”期间年均增长率为

19.2%，国产品率也从50%提高到74%（见表5-9）。目前，中国有机硅的主要消费行业依旧为电子电气、建筑、纺织、工业助剂和日化等传统应用领域，其占比超过80%。但是近年来，在新能源、安全环保、医疗卫生及高端制造等方面不断开发出新的用途，扩大了有机硅的应用领域。特别是在太阳能电池、LED、个人护理用品、轨道交通以及替代石油基产品等方面，有机硅的应用得到快速发展。

**表5-9 2006～2010年中国有机硅消费量构成**

（万吨）

| 年 份 | 2006年 | 2007年 | 2008年 | 2009年 | 2010年 |
|---|---|---|---|---|---|
| 有机硅表观消费量 | 51.6 | 61.5 | 84.5 | 90.4 | 104 |
| 其中：电子电气 | | | | 28.9 | 35.2 |
| 建筑 | | | | 16.6 | 20.7 |
| 纺织 | | | | 9.3 | 11.8 |
| 工业助剂 | | | | 10.3 | 11.2 |
| 日化 | | | | 4.2 | 5.2 |
| 其他 | | | | 21.1 | 20 |

数据来源：中国有色金属工业协会硅业分会。

# 第三章 多晶硅市场

## 第一节 全球多晶硅产业分布情况

2005年之前，国际多晶硅市场主要被美国Hemlock、

MEMC，韩国OCI，德国瓦克，挪威REC，日本德山、三菱、住友几家大厂垄断。而发展到2011年，国际多晶硅发生了新的变化，以美国Hemlock、韩国OCI、德国瓦克和中国中能为代表的新四大家多晶硅企业的生产规模均超过3万吨/年。据统计，这4家企业的产能占到了全球产能的50.2%，产量占到了市场总量的56.6%。

除美国MEMC、日本德山、住友三家是以电子级多晶硅供应为主外，其余多晶硅企业大部分产品为太阳能级多晶硅。从产品结构比例来看，随着光伏产业的迅猛发展，太阳能级多晶硅所占比例正不断加大，预计未来5年内，太阳能级多晶硅所占比例将达到90%以上。

中国多晶硅行业经过几年的发展，产业结构正逐步得到调整和优化。从地域上来看，尽管国内23个省都存在多晶硅项目或在建项目，不过已投产的多晶硅项目主要集中在三个区域：一为市场优势区域，目前中国多晶硅主要用于太阳能电池片的生产，而电池片生产主要集中在江浙一带，因此在江苏、浙江地区庞大的消费推动该区域内形成了以中能为主体的多晶硅企业群；二为能源优势区域，由于多晶硅企业在生产过程中要消耗大量的能源，因此资源优势明显的新疆、内蒙古地区成为多晶硅项目的聚集区域；三为技术优势区域，多晶硅属于技术密集型生产，对技术创新以及科研力量要求较高，而作为中国多晶硅产业发源地的四川以及河南具有很明显的技术优势，因此在河南和四川地区也聚集着大量的多晶硅生产企业。

从企业规模上来看，目前中国70%的多晶硅产量集中在以江苏中能硅业科技发展有限公司、洛阳中硅高科技有限公司、江西赛维LDK太阳能高科技有限公司、重庆大全新能源有限公司、亚洲硅业（青海）有限公司这5大多晶硅企业中，中小企业所占的市场份额正快速缩小。

2011年全球多晶硅企业产能、产量情况见表5-10。

**表5-10 2011年全球多晶硅企业产能、产量情况**

（万吨）

| 企业 | 协鑫 | OCI | 瓦克 | Hemlock | REC | 赛维 | MEMC | 德山 | 中硅 | 大全 |
|---|---|---|---|---|---|---|---|---|---|---|
| 产能 | 4.6 | 4.2 | 4.2 | 3.6 | 2.05 | 1.8 | 1.31 | 0.82 | 0.8 | 0.43 |
| 产量 | 2.94 | 2.7 | 3.2 | 3.3 | 1.9 | 1.1 | 1.4 | 0.8 | 0.8 | 0.45 |

数据来源：中国有色金属工业协会硅业分会。

## 第二节 全球多晶硅市场供需情况

受益于国外补贴而快速发展的光伏产业推动了多晶硅材料的需求。据中国有色金属工业协会硅业分会统计，全球多晶硅产能从2006年3.8万吨增加至2010年的22万吨，产能增加近5倍，同期产量也从3.54万吨增加至17万吨，年均增长率分别为55%和48%（见表5-11）。特别是金融危机前投资的大量项目释放产能，2009年和2010年，全球多晶硅产能分别同比增长48%和52%；产量分别同比增长67%和62%。

**表 5-11　2006～2010 年全球多晶硅供应情况**

（万吨）

| 年份 | 全　球 | | | 分地区产量 | | | | | | 产量集中度 | |
|---|---|---|---|---|---|---|---|---|---|---|---|
| | 产能 | 产量 | 同比/% | 日本 | 美国 | 欧洲 | 韩国 | 中国 | 份额/% | 国际八家 | 份额/% |
| 2006 年 | 3. 8 | 3. 54 | 10. 6 | 0. 87 | 1. 88 | 0. 76 | 0 | 0. 03 | 0. 82 | 3. 51 | 99. 2 |
| 2007 年 | 4. 95 | 4. 41 | 24. 6 | 0. 86 | 2. 44 | 0. 9 | 0 | 0. 11 | 2. 58 | 4. 25 | 96. 4 |
| 2008 年 | 9. 78 | 6. 34 | 43. 8 | 1. 14 | 3. 07 | 1. 2 | 0. 4 | 0. 43 | 6. 89 | 5. 51 | 86. 9 |
| 2009 年 | 14. 5 | 10. 65 | 68. 0 | 1. 28 | 4. 5 | 2. 54 | 0. 4 | 1. 83 | 17. 52 | 7. 48 | 70. 2 |
| 2010 年 | 22 | 16. 96 | 59. 2 | 1. 47 | 5. 7 | 3. 74 | 1. 5 | 4. 35 | 25. 66 | 11. 37 | 67. 0 |

数据来源：中国有色金属工业协会硅业分会。

尽管近几年多晶硅项目大量扩产，产量快速增加，但是国际市场多晶硅生产依旧集中在国际八家巨头企业，2010 年这八家企业的产量超过 11 万吨，市场份额超过 2/3。其中美国 Hemlock 和德国瓦克两家公司生产规模最大，产能分别为 3. 4 万吨和 2. 6 万吨，2010 年多晶硅产量分别为 3. 55 万吨和 2. 8 万吨，两家企业的产量所占市场份额达到 37. 5%。

从多晶硅产品分类来看，过去几年电子级多晶硅产量保持在 2 万～2. 5 万吨的水平，甚至在金融危机时期，其市场需求量出现负增长。而太阳能级多晶硅市场则呈现迅猛发展，市场需求量从 2006 年的 2. 48 万吨增长至 2010 年的 12. 5 万吨，年均增速为 49. 8%。金融危机之前，市场一直处于供不应求的状态。从 2010 年开始，随着新建产能的不断增加，太阳能级多晶硅市场供应逐步超过需求，当年全球供应量达到 14. 5 万吨，相比 12. 5 万吨的需求量，供应过剩量为 2 万吨。据中国有色金属工业协会硅业分会统计，2010 年全球多晶硅产量为 17 万吨，其中太阳能级多晶硅产量 14. 5 万吨，电子级多晶硅产量 2. 5 万吨（见表 5-12）。

**表 5-12 2006～2010 年世界多晶硅以及电子级硅材料情况**

（万吨）

| 年份 | 多晶硅 | | | 太阳能级 | | | 电子级（半导体） | | |
|---|---|---|---|---|---|---|---|---|---|
| | 产能 | 产量 | 同比/% | 需求量 | 产量 | 同比/% | 需求量 | 产量 | 同比/% |
| 2006 年 | 3. 8 | 3. 54 | 10. 6 | 2. 48 | 1. 39 | 12. 2 | 2. 1 | 2. 15 | 9. 1 |
| 2007 年 | 4. 95 | 4. 41 | 24. 56 | 3. 52 | 2. 18 | 56. 8 | 2. 3 | 2. 23 | 3. 7 |
| 2008 年 | 9. 78 | 6. 24 | 41. 47 | 7. 35 | 4. 05 | 85. 8 | 2. 25 | 2. 2 | －1. 4 |
| 2009 年 | 14. 5 | 10. 45 | 67. 39 | 9. 5 | 8. 45 | 108. 6 | 1. 85 | 2 | －9. 1 |
| 2010 年 | 22 | 16. 96 | 62. 33 | 12. 5 | 14. 5 | 71. 6 | 2. 5 | 2. 5 | 25 |

数据来源：中国有色金属工业协会硅业分会。

## 第三节 中国多晶硅市场供需情况

在全球光伏产业带动下，中国多晶硅产业抓住机遇，快速发展。在国家政策支持下，国内多晶硅企业依靠自主创新以及引进技术再创新，基本掌握了太阳能级多晶硅生产技术，打破了发达国家对多晶硅生产的技术封锁。其中以洛阳中硅为代表的自主创新技术企业和以江苏中能为代表的引进、吸收、再创新技术企业，使我国多晶硅产业实现了规模化生产，并跻身世界主要多晶硅生产国行列。据中国有色金属工业协会硅业分会统计，2010 年年底，我国多晶硅产能突破8万吨，5年内实现产能增长160倍，同时多晶硅产量从2006年287t增加到2010年的4.35万吨，年均增长达到150%。

同样，中国多晶硅企业也在这几年中实现快速发展。按产能排序，中国江苏中能产能排名全球第三，江西赛维、洛阳中硅、重庆大全等企业都进入全球前十大企业行列，并且2010年这四家企业的产量占据国内产量的70%以上，企业集中度很高（见表5-13）。尽管我国多晶硅产业保持快速增长趋势，但其主要产品用于太阳能光伏发电，电子级硅材料发展却是十分缓慢。据硅业分会统计，中国半导体用单晶硅产量从2006年的551t增加至2010年的700t，年均增幅仅为6.2%；同时，中国半导体硅材料生产与国际先进水平差距较大。电子级多晶硅生产还处于初级阶段，大部分依靠进口，年进口量在1000t左右。

**表5-13　2006～2010年中国化学法多晶硅产量情况（t）**

| 年份 | 产能 | | 产量 | | 企业 | | | | |
|---|---|---|---|---|---|---|---|---|---|
| | 数量 | 同比/% | 数量 | 同比/% | 中能 | 赛维 | 中硅 | 大全 | 集中度/% |
| 2006年 | 500 | 150 | 287 | 260 | | | 186 | | 64.80 |
| 2007年 | 4310 | 762 | 1139 | 297 | 160 | | 506 | | 58.50 |
| 2008年 | 15310 | 255 | 4300 | 278 | 1850 | | 856 | 300 | 69.90 |
| 2009年 | 65000 | 325 | 18300 | 326 | 7500 | 500 | 2200 | 2000 | 66.70 |
| 2010年 | 80510 | 32.86 | 43500 | 138 | 17800 | 5090 | 4100 | 3771 | 70.7 |

数据来源：中国有色金属工业协会硅业分会。

尽管中国多晶硅产能产量快速增长，但是仍旧不能满足国内快速发展的太阳能光伏产业的迅猛发展。虽然中国多晶硅市场对外依存度已经从2006年的96%下滑至2010年的52%，但多晶硅进口量却从2006年的6459t增加至2010年的4.75万吨（见表5-14）。从多晶硅国内消费来看，中国多晶硅主要用于太阳能电池制造，而用于集成电路方面的多晶硅比例不足总供应量的3%。

**表5-14　2006～2010年中国光伏产业供需数据**

| 年份 | 光伏 | 太阳能电池 | | | 多晶硅 | | | | |
|---|---|---|---|---|---|---|---|---|---|
| | 安装量/MW | 电池产量/MW | 出口量/MW | 出口份额/% | 需求量/t | 供应量/t | 产量/t | 进口量/t | 进口份额/% |
| 2006年 | 10 | 438 | 420 | 95.8 | 3800 | 6746 | 287 | 6459 | 96 |
| 2007年 | 20 | 1088 | 1060 | 97.4 | 8704 | 10348 | 1139 | 9209 | 89 |
| 2008年 | 40.3 | 3238 | 3200 | 98.9 | 24285 | 21344 | 4350 | 16994 | 80 |
| 2009年 | 160.2 | 5850 | 5500 | 94.0 | 41000 | 41027 | 18300 | 22727 | 55 |
| 2010年 | 530 | 10673 | 10000 | 93.7 | 80000 | 91010 | 43500 | 47510 | 52 |

数据来源：中国有色金属工业协会硅业分会。

# 第六篇

# 产业资本与资本运营

## 第一章　硅企业发展历程

中国工业硅行业起步于20世纪50年代，当时在苏联帮助下，辽宁建成投产了采用单相双电极炉第一个工业硅生产企业。1960年以后，中国开始自行设计建设单相和三相工业硅炉，并投入生产。在20世纪60年代初至70年代末，先后在多省建成投产了十几个生产企业，形成了近2万吨/年的生产能力。这一时期以小企业为主。进入2005年后，随着有机硅及多晶硅需求不断增加，投资者不断涌入工业硅市场，单个项目投资额也由原先几千万元扩大到几亿元。

多晶硅起步于20世纪60年代中期，生产厂多达20余家，由于生产技术难度大、生产规模小、工艺技术落后、环境污染严重、耗能大、成本高，绝大部分企业亏损而相继停产和转产。1995年后，仅剩下洛阳中硅高科技公司、四川峨嵋半导体厂和四川新光硅业三家公司。2006年后，随着多晶硅价格飞速上涨，多晶硅项目投资热度不断上升，除硅行业本身外，其他行业企业也开始陆续投资进入多晶硅市场，使中国多晶硅发展呈现无序状态。2009 年后，中国多晶硅企业逐渐向规模化发展，单个项目投资额由几亿元升至百亿元，生产线也由千吨级变成万吨级，在先进大厂规模化效益的冲击下，中小多晶硅企业面临被淘汰的命运。

有机硅起步于20 世纪 70 年代末，最早由星火化工厂开始对有机硅合成技术进行探索。1983 年，国家计委批准立项星火化工厂建设万吨有机硅国家级重点工业性试验装置。装置建成后，经过不断试验及改造，中国企业终于能够稳定地生产有机硅，结束了有机硅行业的空白。随后新安化工、广州吉必盛、吉林石化 3 家企业先后建厂。由于有机硅行业良好的效益，国内投资者迅速增加，单体企业数量也扩大至 20 家左右。

总体来看，民营企业是主导中国硅行业快速发展的主要动力。2005 年以前，中国硅企业普遍规模较小，且投资方均为本行业企业。2005 年之后，随着市场需求不断扩大，越来越多民营及合资企业涌入硅市场，行业的投资规模也突破 1000 亿元。

## 第二章　中国硅上市公司

由于中国多晶硅、有机硅工业起步较晚，硅行业上市公司较少。截至 2012 年，我国硅企业上市公司共有 14 家，其中直接上市公司 9 家，母公司上市的企业 5 家（见表 6-1 和表 6-2）。有研半导体材料股份有限公司是国内最早涉及硅领域的上市企业。

**表 6-1　中国硅行业直接上市公司**

| 公 司 名 称 | 上市地 | 上市时间 | 股票代码 |
|---|---|---|---|
| 大全新能源有限公司 | 纽约交易所 | 2010 年 | NYSE：DQ |
| 特变电工股份有限公司 | 上海交易所 | 2008 年 | 600089 |
| 江苏阳光股份有限公司 | 上海交易所 | 1999 年 | 60220 |
| 成都硅宝科技股份有限公司 | 深圳交易所 | 2009 年 | 300019 |
| 蓝星化工新材料股份有限公司 | 上海交易所 | 2000 年 | 600299 |
| 浙江新安化工集团股份有限公司 | 上海交易所 | 2001 年 | 600596 |
| 山东东岳集团 | 香港交易所 | 2007 年 | HK00189 |
| 江苏宏达新材料股份有限公司 | 深圳交易所 | 2008 年 | 002211 |
| 有研半导体材料股份有限公司 | 上海交易所 | 1999 年 | 600206 |

**表 6-2　中国硅行业母公司上市的企业**

| 公 司 名 称 | 上市母公司 | 上市地 | 上市时间 | 代码 |
|---|---|---|---|---|
| 宜昌南玻硅材料公司 | 中国南玻集团股份有限公司 | 深圳交易所 | 1992 年 | 000012 |
| 江苏中能硅业科技发展有限公司 | 保利协鑫能源控股有限公司 | 香港交易所 | 2007 年 | HK03800 |
| 乐山乐电天威硅业科技有限责任公司 | 保定天威保变电气股份有限公司 | 上海交易所 | 2006 年 | 600550 |
| 四川永祥多晶硅股份有限公司 | 通威股份有限公司 | 上海交易所 | 2012 年 | 600438 |
| 四川新光硅业科技有限公司 | 四川川投能源股份有限公司 | 上海交易所 | 1993 年 | 600674 |

# 第三章　硅的价格

## 第一节　工业硅价格走势

20 世纪之初，人们通过碳还原二氧化硅的方式获得结晶硅（业内称为工业硅或金属硅），工业硅广泛用于配制合金、制取有机硅单体和制备高纯硅材料（作为半导体硅材料以及光伏产业基础材料）。随着科学技术的发展，工业硅也逐步应用在金属陶瓷、光导纤维通信等领域，同时在一些高精尖产品中也有少量的应用。

工业硅实现产业化生产是在 20 世纪 50 ~ 60 年代，随着成本降低和应用领域扩大，工业硅的生产规模也以较快速度发展。60 年代末，欧美有机硅产业迅猛增长，其中欧洲有机硅方面的消费量增长率达到 40% 以上，世界工业硅的需求量的年增长率为 8% ~ 10%，并推动工业硅的价格稳定在 1000 美元/t 以上。进入 70 年代，石油输出国组织大幅度调整油价，一些国家受石油危机的影响，为了节能，汽车等交通工具不断向轻型化发展，铝硅合金等一些含硅合金的用量增加，使世界工业硅市场曾一度供不应求，售价一度上涨到 1300 美元/t。这些情况刺激着一些国家和地区增加或扩大工业硅生产设施。但是 80 年代后，资本主义国家的经济衰退，工业硅市场呈现明显的供过于求，工业硅价格快速下滑至 1000 美元/t 附近。由于工业硅产业本身高排放、高能耗的特点，90 年代之后，工业硅产业逐步转移到发展中国家。其中中国企业利用自身资源和劳动力廉价的优势快速占领了市场。但是由于中国国内产能快速扩张以及国内消费量少等因素，工业硅价格却持续下滑，截至 2001 年年底，工业硅价格下滑至 700 美元/t，成为历史的最低点。

进入 21 世纪之后，中国经济快速发展也带动了工业硅产业的大发展，工业硅价格也呈现逐步走高的态势，2004 年之后，工业硅价格再次回到 1000 美元/t 以上。2007 年开始，中国多晶硅和有机硅产业呈现爆发态势，并推动工业硅需求快速增加，其价格也从 1150 美元/t 快速增加至 2008 年金融危机之前的 2400 美元/t，价格涨幅超过 100%。历经金融危机之后，工业硅的价格也快速下滑至 1600 美元/t，但是中国四万亿元救市资金的投入再次扩大了中国市场的需求，并使工业硅价格再次上涨，截至 2011 年年初，工业硅价格再创历史新高，超过 2600 美元/t。

但是好景不长，2011 年 4 月日本发生大地震，海外市场需求逐步减少，而到下半年，欧债危机愈演愈烈，加之中国经济增长减速，工业硅下游三大行业中，仅有铝合金行业需求保持稳定增长，多晶硅和有机硅的需求增速明显放缓。加之近年中国不断扩张的产能，工业硅市场供需面临严重的供应过剩。特别是进入 2012 年，多晶硅和有机硅产业面临困境，企业开工率明显下滑。面对下游产业需求放缓，工业硅价格也呈现快速下滑的态势，截至 2012 年 6 月底，工业硅价格已经跌破 2000 美元/t 的关口。短期内，工业硅价格受需求影响将维持低迷的态势，而随着能源、资源、人工成本的上涨，长期工业硅价格将持续走高。

## 第二节 多晶硅价格走势

多晶硅是跨化工、冶金、机械、电子等多学科、多领域的高新技术产品，是半导体、大规模集成电路以及太阳能电池产业的重要基础原材料，同时也是产业链中极为重要的中间产品。它的发展与应用水平，已经成为衡量一个国家综合国力、国防实力和现代化水平的重要标志。

20 世纪 70 年代，随着全球半导体产业快速发展，作为半导体行业的重要基础原材料——多晶硅产业也开始规模化生产，但是多晶硅生产的主要技术全部掌握在国外多晶硅生产企业手中。在国外企业技术封锁和价格倾销的情况下，中国多晶硅产业发展受到了极大的压制，并且多晶硅价格一直维持在 30 美元/kg 的水平。

2000 年以后，随着光伏产业的快速发展，多晶硅价格也进入上升阶段。特别是 2004 年开始，以德国提高太阳能发电电价补贴为代表的各国政府支持新能源政策强力刺激了多晶硅在太阳能光伏市场需求大爆发，并推动多晶硅价格快速走高；2006 年西班牙实施了类似的电力回购政策，加速了价格飙升的速度。到金融危机之前，多晶硅的现货价格曾一度接近 500 美元/kg，较 2000 年的价格上涨 15 倍。

但是 2008 年金融危机爆发，财政吃紧，西班牙降低了补贴力度，价格从塔尖瞬间坍塌，多晶硅价格开始理性回归，并进入调整阶段。2009 年年底，多晶硅价格从最高的 500 美元/kg 跌至 55 美元/kg，多晶硅光伏价格的快速下跌和意大利等国强有力的补贴引发了光伏市场新一轮的需求爆发，价格再度上扬至 100 美元/kg。但是 2010 年 9 月之后，欧债危机进一步恶化，全球最大的光伏市场——欧洲市场需求出现明显减少，而中国等新兴市场打破国际多晶硅企业的技术垄断，新增产能的快速释放，多晶硅市场供应快速增加，全球多晶硅产业供需严重失衡，多晶硅价格开始加速向下探底，到 2011 年年底多晶硅的价格跌至 30 美元/kg。

从 2012 年开始，各国之间贸易保护不断升级，多晶硅价格也进入非理性的下跌阶段。在欧美经济低迷的情况下，中国经济增速呈现减缓，加之以美韩两国对中国进行低价倾销，全球多晶硅产业呈现恶性竞争的局面，其价格也开始非理性下跌。截至 2012 年 6 月底，多晶硅进口价格跌至 20 美元/kg，远低于国内外多晶硅企业生产成本。但长期看，随着多晶硅制造技术水平的提高、工艺的创新，制造成本有继续下降的趋势，价格大幅度上涨的可能性不大。

# 第七篇

# 循环经济与安全环保

## 第一章　工业硅的循环经济与安全环保

工业硅生产过程是简单的碳还原过程，其主要生产原料是硅石和碳物质，因此，在生产过程中一直处于高温状态，并且主要的副产物和污染物都是微硅粉。工业硅的循环经济和环保生产，主要是针对其余热发电以及微硅粉回收再利用两方面进行考虑。

目前微硅粉广泛应用于混凝土、耐火材料、耐磨地坪、灌浆料、砂浆、保温材料、油田固井等领域。其中最为主要的是用于砂浆与混凝土中：活性粉末混凝土（RPC）、轨道板掺合料、高层建筑物、海港码头、水库大坝、水利、涵闸、铁路、公路、桥梁、地铁、隧道、机场跑道、混凝土路面以及煤矿巷道锚喷加固等。其次，微硅粉用于耐火材料工业、新型墙体材料、饰面材料以及作为硅酸盐砖、水玻璃、有机化合物的原料等。在微硅粉回收再利用方面，由于国家环保强制要求，因此企业都配有环保装置。由于其回收的成本远远高于其副产品的价格，因此企业开发环保回收副产物的积极性不高。建议推广副产物微硅粉的应用，以缓解企业回收的经济压力。

而在余热发电方面，目前中国工业硅矿热炉主要是以中小炉型为主，并且企业规模小，企业应用余热发电技术几乎为零，不仅浪费能源，同时生产技术指标也比较差。

# 第二章 多晶硅和有机硅的循环经济与安全环保

## 第一节 概 述

生产多晶硅和有机硅都是以高纯度金属硅、氯气和氢气为主要原料。生产多晶硅和有机硅都是化工过程，特别是在氯硅烷合成及分离技术上，两者非常相似。生产多晶硅会副产四氯化硅，其最大的用途是用来生产气相法白炭黑，而气相法白炭黑是有机硅产品的重要原料。当然，四氯化硅还有很多其他用途，比如用来生产正硅酸乙酯及其缩聚物并进一步生产硅酸钠、MQ 树脂、分子筛、絮凝剂等，高纯四氯化硅还是光纤预制棒的原料。由于有机硅材料具有优良的耐温、耐候、防潮及电气性能，因此硅橡胶、硅凝胶和硅树脂等多种形式的有机硅产品成为制备太阳能电池组件的不可缺少的材料。比如高透明硅树脂用于电池组件的抗磨损涂层；弹性体和凝胶体用于保护、灌封和装封；密封剂和黏合剂用于组件的装配等。

正是因为有机硅和多晶硅在生产工艺上有许多相似之处，产品及副产物的利用又相互交叉，因此，当今世界上最大的有机硅生产商美国道康宁公司和德国瓦克公司同时又是大的多晶硅生产商。多晶硅和有机硅工业的发展，离不开其他行业的支持，是与其他行业如冶金、氯碱、材料、机械加工、自控仪表等相互依存并共同发展起来的。

有机硅和多晶硅以金属硅、氯化氢及甲醇为原料，是典型的化工生产。因此，有机硅和多晶硅产业的可持续发展实际上就是要延长产业链，搞好资源、能源及副产物的综合利用，还要解决好安全环保问题。关于多晶硅和有机硅行业的可持续发展，有下面几个问题值得注意。

无论是有机硅或多晶硅，最近几年在装置规模和技术水平上已有较大进步，但与国外先进水平相比还有不小的差距。首先，装置规模小。普遍认为多晶硅的经济规模应在产能万吨以上，国内还有很多装置在产能千吨左右，最小的产能只有几百吨。几大外国公司甲基氯硅烷生产装置的规模为10 万~20 万吨/年，中国正在运行的生产装置的单台规模最大为10 万吨/年，最小的只有 3 万吨/年。装置规模小，综合物耗、能耗高，生产成本必然就会高。其次，有效的先进产能满足不了需求。到 2011 年底，国内多晶硅产能约 13.6 万吨，但 2011 的实际产量只有 8 万吨，进口量高达 6.5 万吨。国内有效先进产能的自给率仅为 55%。同样，有机硅企业的情况也非常类似，大量高端产品依旧需要进口。最后，物耗、能耗高。目前外国公司多晶硅平均成本约 25~30

美元/kg，中国多晶硅企业平均成本在 30 ~ 40 美元/kg，而目前多晶硅市场价格跌至 20 美元/kg 以下；同样，目前有机硅单体价格为 1.6 万 ~ 1.7 万元/t，低于 2 万元/t 的成本，中国大部分有机硅和多晶硅产业生产成本偏高、产品同质化严重，企业面临生存危机。

## 第二节 多晶硅副产四氯化硅的循环使用

四氯化硅是多晶硅生产的副产物，每生产 1t 多晶硅产生 10 ~ 20t 四氯化硅，如不妥善处理，将直接影响多晶硅生产成本并导致环境污染。主流处理工艺为：将四氯化硅氢化转变为三氯氢硅，成为多晶硅原料，返回系统使用。辅助工艺为：生产气相白炭黑、硅酸乙酯、高纯石英、光纤预制棒、有机硅等产业链其他产品。

同时，多晶硅生产的“三废”有：废气，主要成分为 $N_2$，含少量 $H_2$、HCl、$Si_2HCl_2$、$SiHCl_3$、$SiCl_4$ 等；废水为废气淋洗水、纯水制备排水等，呈酸性；废渣为硅粉、二氧化硅、石灰石渣等，无害、不溶，属一般固体废物。

处理办法：将系统产生的废气通过管道汇集至“三废”处理站中的废气处理塔，利用氯硅烷极易水解和酸碱中和的原理，在废气处理塔内用碱性水对废气进行喷淋洗涤，从废气处理塔顶排出中性气体，主要成分是氮气和少量的氢气；氯硅烷水解产生的盐酸和二氧化硅，盐酸与碱反应形成中性水，进一步处理后达标排放；二氧化硅通过压滤固化后运至政府指定垃圾场。

目前多晶硅生产的“三废”治理没有技术难题，中国上千吨级规模的工厂都有尾气干法回收系统，环保评估和检测体系完善，需达标才能获得生产许可，工厂洁净，环境优美，不存在“高排放”。

## 第三节 有机硅副产物的综合利用

在甲基氯硅烷的生产中会产生废触体和浆渣、高低沸物、甲基三氯硅烷甚至甲基二氯硅烷等低价值产物，在制品生产中也会产生一定量的废胶。近几年中国甲基氯硅烷产能扩大以后，对副产物的综合利用逐渐引起重视，但仍然做得不够，特别是一些新建的企业，还顾不上副产物的综合利用。

以前甲基氯硅烷生产企业可以将多余的甲基三氯硅烷和低沸物用来生产气相法白炭黑，现在多晶硅副产的四氯化硅都用不完，甲基三氯硅烷和低沸物就得另想办法处理了；随着甲基氯硅烷产能的扩大，甲基二氯硅烷（含氢单体）也将过剩，对其应用也应尽早研究解决。

## 第四节 安全环保问题

甲基氯硅烷和多晶硅生产都是化工过程，主要原料有金属硅、氯气、氢气和甲醇，中间产品和副产物有三氯硅烷、四氯化硅及其他含氯化合物，涉及多种有毒有害和易燃易爆物质，应加强劳动保护和环境保护。

按现有的技术水平，要解决甲基氯硅烷和多晶硅生产中的安全和环保问题是完全可行的。安全环保问题一是观念，二是投入，只要愿意去做，舍得花钱，就没有解决不了的问题。

# 第八篇

# 行业管理与政策法规

由于工业硅产业属于高载能、高排放、资源性产业，同时在中国多晶硅发展初期，所掌握的技术并不先进，不仅能耗高，副产物也没有得到有效回收利用，因此国家针对工业硅和多晶硅实行严格的准入机制。

## 第一章　铁合金行业准入条件（2008 年修订）

为遏制铁合金行业低水平重复建设和盲目发展，促进产业结构升级，根据国家有关法律法规和产业政策，按照调整结构、有效竞争、降低消耗、保护环境和安全生产的原则，对铁合金生产企业提出如下准入条件。

### 第一节　工艺与装备

（1）硅铁、工业硅、电炉锰铁、硅锰合金、高碳铬铁、硅铬合金等铁合金矿热电炉采用矮烟罩半封闭型或全封闭型，容量为 25000kV · A 及以上（中西部具有独立运行的小水电及矿产资源优势的国家和省定扶贫开发工作重点县，单台矿热电炉容量不小于 12500kV·A)，变压器选用有载电动多级调压的三相或三个单相节能型设备，生产工艺操作机械化和控制自动化。中低碳锰铁、电炉金属锰和中低微碳铬铁等精炼电炉，必须采用热装热兑工艺，容量为 3000kV·A 及以上。锰铁高炉容积为 300$m^3$ 及以上。硅钙合金和硅钙钡铝合金电炉容量为 12500kV·A 及以上。硅铝铁合金电炉容量为 16500kV·A 及以上。钛铁熔炼炉产能为 5t/炉以上。钼铁生产线不得采用反射炉焙烧钼精矿工艺，配备 $SO_2$ 回收装置。金属铬生产线不得采用反射炉还原、煅烧红矾钠、铬酐生产工艺。其他特种铁合金生产装备要大型化，达到国际先进水平。

（2）原料处理、熔炼、装卸运输等所有产生粉尘部位，均配备除尘及回收处理装置，并安装省级环保部门认可的烟气和废水等在线监测装置。主管环保部门已建成在线监测监控平台的，要与主管环保部门联网。各类铁合金电炉、高炉配备干法袋式或其他先进适用的烟气净化收尘装置。湿法净化除尘过程产生的污水经处理后进入闭路循环利用或达标后排放。采用低噪声设备和设置隔声屏障等进行噪声治理。所有防治污染设施必须与铁合金建设项目主体工程同时设计、同时施工、同时投产使用。

（3）配备火灾、雷击、设备故障、机械伤害、人体坠落等事故防范设施，以及安全供电、供水装置和消除有毒有害物质设施。所有安全生产和安全检查设施必须与铁合金建设项目主体工程同时设计、同时施工、同时投产使用。

## 第二节 能源消耗

主要铁合金产品单位冶炼电耗：硅铁（FeSi75）不高于8500kW·h/t，工业硅不高于12000kW·h/t，电炉锰铁不高于2600kW·h/t（入炉品位38%），硅锰合金不高于4200kW·h/t（入炉品位34%），高碳铬铁不高于3200kW·h/t（入炉品位40%），硅铬合金不高于4800kW·h/t，中低碳锰铁不高于580kW·h/t（冷装不高于1800kW·h/t），电炉金属锰不高于1750kW·h/t，中低微碳铬铁不高于1800kW·h/t，高炉锰铁焦比不高于1320kg/t，硅钙合金（Ca28Si60）不高于11000kW·h/t，硅铝铁合金不高于9000kW·h/t，其他特种铁合金能耗指标达国内先进水平。

## 第三节 资源消耗

（1）主元素回收率：硅铁（FeSi75）中Si≥92%，工业硅中Si≥85%，电炉锰铁中Mn≥78%，硅锰合金中Mn≥82%，高碳铬铁中Cr≥92%，硅铬合金中Cr≥94%，中低碳锰铁中Mn≥80%，电炉金属锰中Mn≥83%，中低微碳铬铁中Cr≥80%，高炉锰铁中Mn≥82%，硅钙合金（Ca28Si60）中Si≥65%、Ca≥35%，其他特种铁合金资源消耗达到国内先进水平。

（2）水循环利用率95%以上。

（3）硅铁和硅系铁合金电炉烟气回收利用微硅粉纯度$SiO_2 > 92\%$。

## 第四节　环境保护

（1）在国家法律、法规、行政规章及规划确定或经县级以上人民政府批准的饮用水源保护区、自然保护区、风景名胜区、生态功能保护区等需要特殊保护的地区，大中城市及其近郊，居民集中区、疗养地等周边1公里内不得新建、扩建铁合金生产企业。

（2）铁合金熔炼炉大气污染物排放应符合现行国家《工业炉窑大气污染物排放标准》（GB 9078—1996），新的国家标准颁布后按新标准执行。凡是向已有地方排放标准的区域排放大气污染物的，应当执行地方排放标准。

（3）水污染物排放应符合国家《钢铁工业水污染排放标准》（GB 13456—92）中铁合金部分，新的国家标准颁布后按新标准执行。凡是向已有地方污染物排放标准的水体排放污染物的，应当执行地方污染物排放标准。对产生的工业固体废物要依法贮存、处置或综合利用。

## 第五节　监督与管理

（1）新建和改扩建铁合金项目必须符合上述准入条件，

铁合金项目的投资管理、土地使用、贷款融资等也必须依据上述准入条件。现有铁合金生产企业也要通过技术改造达到环保、能耗、资源消耗、安全生产等方面的准入条件。

（2）各级铁合金行业主管部门和有关执法部门负责对当地生产企业执行铁合金行业准入条件的情况进行监督检查。中国铁合金工业协会协助国家有关部门，做好监督和管理工作。

（3）对不符合准入条件的新建和改扩建铁合金项目，金融机构不得提供信贷支持，电力监管机构监督电力企业依法停止供电，环保部门不得办理环保审批手续。地方人民政府或相关主管部门依法决定撤销或者责令关闭的企业，工商行政管理部门依法责令其办理变更登记或者注销登记。

（4）国家发展和改革委员会定期公告符合准入条件的铁合金生产企业名单。

## 第六节 附 则

（1）本准入条件适用于中华人民共和国境内（台湾、香港、澳门特殊地区除外）所有类型的铁合金行业生产企业。

（2）电石炉、黄磷炉等设备如需转炼铁合金及不同铁合金品种相互转炼，也适用本准入条件。

（3）本准入条件自 2008 年 3 月 1 日起实施，由国家发展和改革委员会负责解释，并根据行业发展情况和宏观调控要求进行修订。

# 第二章 多晶硅行业准入条件（2011 年）

为深入贯彻落实科学发展观，规范和引导多晶硅行业健康发展，坚决抑制行业重复建设和产能过剩，根据国家有关法律法规和产业政策，按照优化布局、调整结构、节约能源、降低消耗、保护环境、安全生产的原则，特制订多晶硅行业准入条件。

## 第一节 项目建设条件和生产布局

（1）多晶硅项目应当符合国家产业政策、用地政策及行业发展规划，新建和改扩建项目投资中最低资本金比例不得低于 30%。严格控制在能源短缺、电价较高的地区新建多晶硅项目，对缺乏综合配套、安全卫生和环保不达标的多晶硅项目不予核准或备案。

（2）在依法设立的基本农田保护区、自然保护区、风景名胜区、饮用水水源保护区，居民集中区、疗养地、食品生产地等环境条件要求高的区域周边 1000m 内或国家、地方规划的重点生态功能区的敏感区域内，不得新建多晶硅项目。已在上述区域内投产运营的多晶硅项目要根据该区域有关规划，依法通过搬迁、转停产等方式逐步退出。

（3）在政府投资项目核准新目录出台前，新建多晶硅项目原则上不再批准。但对加强技术创新、促进节能环保等确有必要建设的项目，报国务院投资主管部门组织论证和核准。

## 第二节 生产规模与技术设备

（1）太阳能级多晶硅项目每期规模大于3000t/a，半导体级多晶硅项目规模大于1000t/a。

（2）多晶硅企业应积极采用符合本准入条件要求的先进工艺技术和产污强度小、节能环保的工艺设备以及安全设施，主要工段、设备参数应能实现连续流程在线检测。

## 第三节 资源回收利用及能耗

（1）新建多晶硅项目生产占地面积小于6公顷/千吨。现有多晶硅项目应当厉行节约集约用地原则。

（2）太阳能级多晶硅还原电耗小于80kW·h/kg，到2011年底前小于60kW·h/kg。

（3）半导体级直拉用多晶硅还原电耗小于100kW·h/kg，半导体级区熔用多晶硅还原电耗小于120kW·h/kg。

（4）还原尾气中四氯化硅、氯化氢、氢气回收利用率不低于98.5%、99%、99%。

（5）引导、支持多晶硅企业以多种方式实现多晶硅—电厂—化工联营，支持节能环保太阳能级多晶硅技术研发，降低成本。

（6）到 2011 年底前，淘汰综合电耗大于 200kW · h/kg 的太阳能级多晶硅生产线。

（7）水资源实现综合回收利用，水循环利用率不小于 95%。

## 第四节　环 境 保 护

（1）新建和改扩建项目应严格执行《环境影响评价法》，依法向有审批权限的环境保护行政主管部门报批环境影响评价文件。按照环境保护“三同时”的要求，建设项目配套环境保护设施并依法申请项目竣工环境保护验收，验收合格后方可投入生产运行。未通过环境评价审批的项目一律不准开工建设。现有企业应依法定期实施清洁生产审核，并通过评估验收，两次审核的时间间隔不得超过三年。

（2）废气。尾气及 $NO_x$、HF 酸雾排放部位均应当配备净化装置，采用溶液吸收法或其他方法对其净化处理，废气排放达到《大气污染物综合排放标准》（GB 16297）和污染物排放总量控制要求。项目所在地有地方标准和要求的，应当执行地方标准和要求。

（3）废水。按照法律、行政法规和国务院环境保护主管部门的规定设置排污口。废水排放应符合国家相应水污染物排放标准要求。凡是向已有地方排放标准的水体排放污染物的，应当执行地方标准。

（4）固体废物。一般工业固体废物的贮存应符合《一般工业固体废物贮存、处置场污染控制标准》（GB 18599），对产生的四氯化硅等危险废物，应严格执行危险废物相关管理规定。

（5）噪声。厂界噪声符合《工业企业厂界环境噪声排放标准》（GB 12348）。

## 第五节 产品质量

企业应有质量检验机构和专职检验人员，有健全的质量检验管理制度。半导体级多晶硅产品符合国家标准 GB/T 12963 所规定的质量要求，太阳能级多晶硅产品符合国家标准所规定的质量要求。

## 第六节 安全、卫生和社会责任

（1）多晶硅项目应当严格遵循职业危害防护设施和安全设施“三同时”制度要求。企业应当遵守《安全生产法》、《职业病防治法》等法律法规，执行保障安全生产的国家标准或行业标准。

（2）企业应当有健全的安全生产组织管理体系，有职工安全生产培训制度和安全生产检查制度。

（3）企业应当遵守《危险化学品安全管理条例》（国务院令第 344 号）、《危险化学品建设项目安全许可实施办法》

（国家安全生产监督管理总局令第 8 号）、《安全预评价导则》、《危险化学品建设项目安全评价细则（试行）》（安监总危化〔2007〕255 号）及相关规定，依法实施危险化学品建设项目安全许可和危险化学品生产企业安全生产许可，获取《安全生产许可证》后方可投入运行。

（4）企业应当有职业危害防治措施，对重大危险源有检测、评估、监控措施和应急预案，并配备必要的器材和设备。尘毒作业场所达到国家卫生标准。

（5）企业应当遵守国家法律法规，依法参加养老、失业、医疗、工伤等保险，并为从业人员缴足相关保险费用。

## 第七节　监督与管理

（1）工业和信息化部负责多晶硅行业管理，商有关部门后以联合公告形式发布符合准入条件的多晶硅企业名单，形成《多晶硅行业准入名单》，实行社会监督、动态管理。

（2）对现有项目：

1）企业应对照准入条件编制《多晶硅行业准入申请报告》，并通过当地工业和信息化主管部门报送工业和信息化部。

2）省级工业和信息化主管部门负责受理本地区多晶硅企业的申请，按准入条件要求会同同级发展改革部门、环保部门对企业情况进行核实并提出初审意见，附企业申请材料报送工业和信息化部。

3）工业和信息化部收到申请后，会同有关部门对企业申请材料组织审查，对符合准入条件的企业进行公示，无异议后予以公告。

对不符合准入条件的企业，工业和信息化部通知省级工业和信息化主管部门责令企业整改，整改仍不达标的企业应当逐步退出多晶硅生产。

（3）对新建和改扩建项目：

1）国务院投资主管部门按照准入条件要求对新建和改扩建项目组织论证和核准。

2）企业应自投产之日起半年内申请，省级工业和信息化主管部门会同同级发展改革部门、环保部门对其进行检查并提出检查意见，附企业申请材料报送工业和信息化部。工业和信息化部对企业申请材料组织审查，对符合准入条件的企业进行公示，无异议后予以公告。

对不符合准入条件的企业，工业和信息化部通知省级工业和信息化主管部门责令企业整改，整改仍不达标的企业应当停止多晶硅生产。

（4）地方工业和信息化主管部门每年要会同有关部门对本地区企业生产过程中执行准入条件的情况进行监督检查，工业和信息化部组织有关部门对公告企业进行抽查。

（5）公告企业有下列情况，将撤销其公告资格：

1）填报资料有弄虚作假行为。

2）拒绝接受监督检查。

3）不能保持准入条件要求。

4）发生重大安全和污染责任事故。

5）违反法律、法规和国家产业政策规定。

（6）对不符合规划布局、生产规模、资源利用、环境保护、安全卫生等要求的多晶硅项目，投资管理部门不予核准和备案，国土资源管理、环境保护、质检、安监等部门不得办理有关手续，金融机构不得提供贷款和其他形式的授信支持。

（7）有关行业协会、产业联盟、中介机构要协助做好准入条件实施工作，组织企业加强协调和自律管理。

## 第八节　附　　则

（1）本准入条件适用于中华人民共和国境内（台湾、香港、澳门地区除外）所有类型的多晶硅企业和项目。

（2）本准入条件涉及的法律法规、国家标准和行业政策若进行修订，按修订后的规定执行。

（3）本准入条件自发布之日起实施，由工业和信息化部负责解释，并根据行业发展情况和宏观调控要求会同有关部门适时进行修订。

# 第九篇

# 主要生产厂家

## 第一章　世界主要生产商

### 第一节　大西洋铁合金集团

大西洋铁合金集团总部位于西班牙首都马德里，是全球最大的金属硅生产企业之一。2010 年公司总资产为 107.3 亿元，利润 13.1 亿元，总产能为 28 万吨。

大西洋铁合金的子公司分布在法国、南非和西班牙。其中，法国有 5 座生产金属硅的工厂，共 12 台电炉，产能共计 12.8 万吨；南非有一座工厂，3 台电炉，产能为 6.5 万吨；西班牙有一座工厂，3 台电炉，产能为 4 万吨。中国有电炉 3 台，产能 5 万吨。

大西洋铁合金集团不仅拥有先进的生产工厂，同时配套设施及资源也十分丰富。该集团除了能够自主生产电极糊产品外，还在南非拥有 2 万公顷以上的木材种植园，是南非最大的木炭生产商。同时在欧洲拥有 14 家发电厂。

2010 年 12 月，大西洋铁合金集团收购了芒市卓信硅业有限公司，并花费2亿元人民币用于对冶炼炉进行工业改造。2011年5月该公司一台炉子进行试产，并已在2012年进行全面投产。

## 第二节　环球冶金集团

环球冶金集团是美国最大的工业硅生产商。2010年公司总资产为49.8亿元，利润2.28亿元，总产能为16万吨。

环球冶金集团旗下拥有4个工厂，分别为位于俄亥俄州的贝弗利工厂、西弗吉尼亚州的西弗吉尼亚合金公司、亚拉巴马州的塞尔玛工厂和纽约州的尼加拉工厂，这4座工厂分别有5座、5座、2座和2座电炉，其中西弗吉尼亚合金公司是环球冶金公司与道康宁公司的合资公司，产能为5万吨。环球冶金公司于2009年4月关停塞尔玛工厂，直到2010年1月29日才完全恢复生产，产能为3万吨/年。同时，产能为3万吨/年的尼加拉工厂也是到2010年年初才恢复生产。

2011年，该公司宣布在冰岛建立4万吨产能的金属硅厂。工厂预计将于2014年底正式投入运营。

## 第三节　道康宁公司

道康宁公司是全球最大的有机硅企业，公司总部设在美国密歇根州米德兰市。2010年，公司总资产为1635.2亿元，利润43.5亿元，有机硅单体产能为120万吨。

道康宁公司在亚洲、欧洲和美国设有23个生产基地，生产7000多种产品，为全球各主要行业的2.5万多个公司提供服务。该公司是康宁玻璃制造公司（现为康宁公司）和陶氏化学公司于1943年合资建立的。道康宁生产的有机硅产品，通常具有绝缘、防水、润滑、抗高温、抗老化、抗化学和生理惰性，以及抗紫外线辐射的特性。

道康宁在工业胶带和胶水方面也很擅长，是欧洲最大的生产销售电工胶带的公司之一。

## 第四节 瓦克公司

德国瓦克公司是一家总部位于德国慕尼黑市的全球性化学品公司，公司遍布全球五大洲。产品涵盖了有机硅、聚合物化学专用化学品与精细化工、多晶硅生产和半导体硅等。2010年公司总资产为546亿元，利润56.1亿元。

瓦克化学公司在全球半导体技术、有机硅化学、聚合物和精细化学品及多晶硅等领域具有绝对的技术优势，其中80%的销售在德国境外。目前，瓦克公司在欧洲、美洲和亚洲共设有22个生产基地及100多家销售处。瓦克聚合物部门生产的可再分散乳胶粉、乳液、固体树脂、粉末黏结剂和表面涂层树脂广泛应用于建筑工业、汽车工业、黏合剂工业和工业油漆等领域。

瓦克多晶硅的主要生产基地在德国博格豪森。2006年瓦克多晶硅产能接近1万吨。2010年底，博格豪森产能扩大至3.2万吨。同时公司宣布在农特里茨建设1万吨产能新厂。

2011年，瓦克宣布进一步扩大德国的博格豪森和农特里茨生产基地超纯多晶硅生产规模。通过采取措施消除综合生产体系的瓶颈，两个生产基地的超纯多晶硅年产能将各增加5000t——博格豪森的年生产能力将从2010年的3.2万吨增加到3.7万吨，农特里茨年底将投产的在建装置原计划年生产能力1万吨，扩建后将提高到1.5万吨。两个基地的扩建工程已于2012年完成，投资额约为1.3亿欧元。扩建完成后，瓦克化学总产能已提高至5.2万吨。

瓦克公司多晶硅生产是一个典型的综合生产系统。从原材料到最终产品，整个物料循环过程实现无缝控制，实现原材料、副产品的多重利用。在这个高度集成的物料循环中，采用定制的化学工艺来获得主要产品原料，例如超纯硅、气相二氧化硅、硅烷、有机硅、分散剂、可再分散乳胶粉、聚合物树脂以及生产精细化学品和生物技术产品所需的基本原料，最大限度减少能源和资源消耗。

## 第五节 OCI

OCI是韩国首家多晶硅厂，公司原名为DC化学公司。2010年，公司总产能为2.05万吨。

2006年6月DC化学公司投资2.6亿美元建立工厂生产

多晶硅，服务于半导体及太阳能电池行业。一期于 2008 年上半年竣工，年产能 3000t。

2009 年 7 月，随着 2 期扩厂建设完工，OCI 多晶硅产能达到 1.05 万吨。但是 OCI 的扩张计划并没有停止，三期 1 万吨产能的新工厂于 2010 年 12 月投入试行生产。2010 年底产能达到 2.05 万吨。三期项目完成后，OCI 公司于 2010 年 12 月 14 日同时宣布，将在韩国群山生产基地投资 14 亿美元继续扩增多晶硅产能，新建产能 2 万吨/年。该装置于 2010 年底开建，2012 年底已建成。

而进入 2011 年之后，OCI 又宣布将投资 1.8 万亿韩元再建设一座工厂生产多晶硅。该工厂选址于全罗北道的新万金工业园区，年产能为 2.4 万吨。充分展示了 OCI 为占领高纯度多晶硅市场而进行投资的决心。

而 OCI 在多晶硅产能大幅提升的同时，其订单量也呈飞速发展态势，这也成为其可持续性发展的关键。特别是在亚洲市场，由于其地缘优势的缘故，包括中国台湾地区的茂迪、绿能、中美硅晶、达能科技、友达光电等厂商已经相继与其签署了长约。而紧随其后，中国大陆地区龙头厂商英利绿色能源也成为 OCI 的长单用户。数据显示，目前 OCI 在手的长期订单总额已经近 50 亿美元，几乎全部来自于亚洲企业。

## 第六节　Hemlock 半导体公司

Hemlock 半导体公司是世界领先的多晶硅供应商。该公司是由道康宁公司和两家日本企业——信越半导体（Shin-Etsu Handotai）及三菱材料（Mitsubishi Materials）合资成立的，2010 年公司产能为 3.6 万吨。

Hemlock 半导体公司在 2006 年多晶硅产能为 1 万吨，是当时全球最大的多晶硅厂商。2008 年下半年，Hemlock 新建多晶硅厂投入运营，年底总产能达到 1.9 万吨。2008 年公司还同时宣布将投巨资建设三期多晶硅生产线。

2010 年，随着三期生产线建设完工，Hemlock 公司产能达到 3.6 万吨，继续维持全球第一多晶硅大厂的身份。2010 年上半年，公司宣布将投资 12 亿美元在田纳西州新建多晶硅厂。2011 年 7 月，田纳西州 Clarksville 厂区的行政大楼落成。整个项目已于 2013 年竣工，届时 Hemlock 总产能将达到 4.6 万吨。而如果市场行情较好，新厂将会继续进行二期扩张，最终产能将有可能达到 5.7 万吨。

# 第二章　中国主要生产商

## 第一节　云南永昌硅业股份有限公司

云南永昌硅业股份有限公司位于云南省保山市龙陵县，是由中国企业 500 强之一云南冶金集团股份有限公司控股，汕头市福瑞投资有限公司、龙陵县国有资产经营有限责任公司参股，公司注册资本 2.8 亿元，拥有资产 6.3 亿元，员工 1000 余人。生产规模为年产工业硅 5 万吨、硅铁 5 万吨、微硅粉2万吨。产品主要销往美国、日本、韩国、泰国、部分欧盟和东南亚国家及国内知名钢铁企业和东南沿海厂家。

公司现有的工业硅炉为3台25000kV·A电炉，其工业硅年产能达到5万吨。生产线上采用了组合式电极把持器、110kV电压直供电炉、高低压补偿、变频调速、PLC自动配料控制、世界先进的收尘和微硅粉加密、粒度硅粉加工等先进技术。

## 第二节　新疆西部合盛硅业有限公司

新疆西部合盛硅业有限公司是一家内资民营企业，是浙江宁波合盛集团驻新疆下属公司，所在地位于新疆石河子市开发区，主要经营工业硅、有机硅及有机中间体产品的生产销售。目前计划投资年产16万吨工业硅项目、20万吨有机硅项目、6000t气相白炭黑、10万吨甲醇、6万吨氯化钾、3万吨石墨电极等六个配套项目，总投资40亿元人民币，占地2000余亩。2009年11月与石河子农八师签订投资协议后，年产16万吨工业硅和3万吨石墨电极两个项目，已于2011年10月投产运行。

## 第三节　湖北三新硅业有限责任公司

湖北三新硅业有限责任公司是一家中外合资的大型硅矿采选加工一体化企业。公司于2009年12月25日成立，注册资本2.2亿元。企业本着以资源节约及综合利用为理念，规划以公司拥有的硅石矿资源为基础，依靠科技创新，以硅石矿开采加工及其精细产品为发展方向，对硅资源实行“采选加一体化”发展模式，构建循环经济产业链。目前国家已批准公司投资35亿元兴建150万吨硅矿开采及加工项目，在产业园内兴建16台33000kV·A高纯工业硅电炉。项目于2010年8月动工建设，首台高纯工业硅装置已于2012年3月建成投产。

## 第四节　中国蓝星（集团）总公司

中国蓝星（集团）总公司是中国化工集团公司管理的大型国有企业。蓝星集团以化工新材料和特种化学品为主业，公司总部设在北京，总资产300多亿元，年销售额300多亿元。蓝星控股“蓝星清洗”、“星新材料”、“沈阳化工”3家上市公司，在国内拥有25个工厂和4个科研机构。在海外拥有15个工厂、7个研发和技术服务机构，营销网络遍及全球140多个国家。

蓝星集团在化工新材料、工业清洗和膜与水处理领域居国内领航地位；在石油石化、无机化工、有机原料、精细化工、工程塑料及化工装备等领域具有较强实力。“蓝星”商标是中国首个工业服务类著名商标。

蓝星集团有机硅单体、PVC糊树脂生产规模居全球第三，蛋氨酸产品生产规模和市场份额均居全球第二位。蓝星集团拥有中国最大的双酚 A 装置，工业硅、钛白粉、铬酸酐、环氧树脂、彩色显影剂等产品占国内市场主导地位，苯酚、丙酮生产技术居国内领先水平，是中国唯一的离子膜电解槽设备制造商。

## 第五节 山东金岭化工股份有限公司

山东金岭化工股份有限公司位于东营市，建于 1992 年，是一家以基础化工、热电联产为主导产业的国家大型企业。现拥有总资产 70 亿元，员工 3500 余名。现已形成年产烧碱 83 万吨、苯胺 30 万吨、甲烷氯化物 25 万吨、有机硅 12 万吨、环氧丙烷 10 万吨、氯丙烯 2 万吨的生产规模，热电装机容量 40 万千瓦，是中国制造业 500 强、中国化工 500 强、中国石油和化工综合效益百强、行业纳税百强、全国工业重点行业效益十佳企业之一。

## 第六节 江苏中能硅业科技发展有限公司

江苏中能硅业科技发展有限公司是由香港协鑫硅业科技控股有限公司投资控股，专门从事半导体元器件及太阳能电池的专用材料——多晶硅及与硅相关产品的研究、开发、生产、销售。同时，还承接太阳能光伏成套工程及相关技术咨询等服务。公司位于江苏省徐州市金山桥经济开发区，占地 1500 亩，注册资金 6.2 亿元人民币，规划总投资达 80 亿元人民币。

公司于2006年3月在江苏省徐州市经济开发区成立，2009年6月建成5条共计1.8万吨产能的多晶硅生产线，2010年产能提升至2.1万吨，2011年提升至4.6万吨，2012年提升到6.5万吨，是目前世界上单体投资规模最大的多晶硅生产基地。公司每月多晶硅产量超过千吨，为天合光能、晶澳太阳能、尚德电力、阿特斯等太阳能企业提供七成以上的高纯多晶硅原料，公司与这些企业签订了8~15年的长期供应协议，提供总量达15.4GW、总额达237亿美元的供应合同。

江苏中能硅业科技发展有限公司引进德国、美国、日本等世界领先的改良西门子法多晶硅生产工艺，通过消化吸收、技术创新，实现了国际先进技术成功落地。同时依靠自主研发，获得国家专利的氯氢化装置能将多晶硅生产过程中产生的副产物——四氯化硅全部转化为多晶硅生产中的原料——三氯氢硅，实现物料循环利用，环保达标排放，并大幅度降低生产成本，实现了低能耗、环保、低成本制造高质量多晶硅的世界领先水平。同时积极实施技术改造，多晶硅产品质量和产量进一步提升。未来公司将着力研发替代“西门子改良法”的新技术“硅烷法”、“流化床法”，能耗、生产成本及产品质量进一步迈向国际最精尖水平。

江苏中能硅业还加大了与世界先进技术对接力度。在美国华盛顿州成立了多晶硅技术研发中心，一批来自世界一流的多晶硅和太阳能高技术企业和研究机构的顶级专家已经到位。目前开展了改良西门子法的技术创新、硅烷法的产业化推广等多晶硅技术提升课题，并积极开展不间断拉晶技术、金刚线技术在铸锭切方的应用、无坩埚铸锭技术等太阳能产品生产高新技术和装备研发工作。

## 第七节 洛阳中硅高科技有限公司

洛阳中硅高科技有限公司是由中国恩菲工程技术有限公司、洛阳硅业集团有限公司、偃师金丰投资有限公司、中国有色工程设计研究总院四家股东共同出资组建的高科技企业（中国恩菲工程技术有限公司控股75%）。公司成立于2003年3月，总部位于洛阳高新技术产业开发区华夏路6号，现有两个生产基地和一个国家级重点工程实验室。主要经营高纯多晶硅、气相白炭黑、高纯四氯化硅、高纯硅化合物产品、无水氯化氢等产品，并提供硅化合物技术服务。

洛阳中硅一期年产300t多晶硅项目是国家和省市“十五”期间半导体硅材料产业的重点建设项目，于2003年6月28日开工兴建，2005年12月建成投产。公司于2005年12月18日开工兴建二期年产700t多晶硅项目。该项目是国家和省市“十一五”期间重点建设项目，于2007年5月建成投产，目前偃师子公司年产1000t多晶硅生产线运营正常。公司三期年产2000t多晶硅工程于2006年12月18日在洛阳市洛龙区开工建设，2008年11月建成投产，2009年达产。公司四期年产2000t多晶硅工程于2010年建成投产，随后中硅又进行5000t技改扩建项目，并于2011年底投产，目前中硅总产能已达到1万吨。

## 第八节 江西赛维LDK太阳能高科技有限公司

江西赛维LDK太阳能高科技有限公司，是专注于太阳能多晶硅料及化学品、硅片、电池、组件的研发、生产、销售和光伏工程建设为一体的高新技术光伏企业，是世界规模最大的太阳能硅片生产企业之一。公司在新余、南昌、苏州、合肥拥有制造基地。

公司于2005年7月在江西新余注册成立，注册资金2900万美元，一期总投资7250万美元。全套引进国际领先的光伏技术、生产及检测设备。2006年3月投产75MW生产能力，产值达8亿元，2007年初形成产能200MW。2007年6月1日，公司在美国纽交所成功上市，股票代码"LDK"，融资达4.86亿美元，成为江西省第一家在美国上市的企业，是中国新能源领域最大的一次IPO。2008年，赛维LDK实现销售收入突破120亿元，成为最年轻的中国500强企业、中国科技十强企业，也是江西唯一销售收入过百亿的民营高科技企业。2009年，赛维LDK成为世界上唯一年销售量突破1000MW的光伏企业，全球市场份额接近20%。截止到2011年底，赛维LDK硅片年产能达到2300MW、多晶硅年产能为1.6万吨。

## 第九节 重庆大全新能源有限公司

重庆大全新能源有限公司是由鸿立国际有限公司投资设立的外商独资企业，注册资金6300万美元。公司从国外引进的多晶硅生产技术和设备，采用全自动、全流程、全循环的工艺，制造电子级、太阳能级高纯多晶硅产品，生产过程能耗低、绿色环保，各项技术指标达到国际先进水平。

重庆大全新能源有限公司首期在万州投资建设年产6000t高纯多晶硅项目，其中第一条年产1500t多晶硅生产线于2008年7月成功投产；第二条年产能1800t生产线于2009年6月建成，第三条生产线于2011年竣工，目前总产能6000t。

重庆大全项目采用全数字自动化控制技术，并与专业从事尾气回收装置设计的美国公司合作，采用全封闭运行方式，使物料得到充分循环利用，尾气回收率高达99.5%以上，避免了生产过程对环境的影响。

## 第十节 四川永祥多晶硅有限公司

四川永祥多晶硅有限公司是由通威集团与四川巨星集团共同投资设立的四川永祥股份有限公司旗下的全资子公司，地处四川省乐山市五通桥区。永祥多晶硅拥有良好的资源优势，已形成年产2万吨三氯氢硅的产能，并计划扩建到10

万吨/年。

在总投资65亿元人民币、年产1万吨高纯多晶硅项目中，一期1000t/a及二期3000t/a项目于2011年9月投产和奠基。三期6000t/a项目已于2010年在犍为县新建，并于2012年9月投产。

四川永祥多晶硅有限公司与永祥股份有限公司在资源循环利用、物料封闭运行、副产物回收利用等方面实现了大量的自主创新，形成了覆盖多晶硅、PVC、三氯氢硅和水泥等多个产品的物料循环利用的综合封闭循环体系。

## 第十一节　有研新材料股份有限公司

有研新材料股份有限公司（原有研半导体材料股份有限公司）是北京有色金属研究总院于1999年以所属的半导体材料国家工程研究中心、红外材料研究所以及所拥有的北京金鑫半导体材料有限公司50%的权益作为投资独家发起、募集设立的股份公司，同年3月12日注册成立，3月19日在上海证券交易所上市，募集资金5.5亿元。2014年1月，公司重大资产重组发行股份购买资产部分完成，有研亿金新材料有限公司、有研光电新材料有限责任公司成为公司全资子公司，有研稀土新材料股份有限公司成为公司控股子公司。2014年3月10日，国家工商行政管理总局批准公司名称由“有研半导体材料股份有限公司”变更为“有研新材料股份有限公司”。3月19日，证券简称由“有研硅股”变更为“有研新材”。

有研新材是目前中国最大的具有国际先进水平的单晶硅、锗、化合物半导体材料研究、开发、生产的重要基地。公司位于北京中关村科技园区海淀园的高新技术企业，占地3万平方米，通过了ISO9000/QS9000国际质量体系认证。

## 第十二节 亚洲硅业（青海）有限公司

亚洲硅业（青海）有限公司主要从事高纯多晶硅材料及三氯氢硅、四氯化硅等综合利用产品的研发、生产和销售。2006年12月注册成立，累计注册资本2亿美元。公司一期1500t项目于2008年10月建成投产。2009年进行二期多晶硅项目建设，并于2011年9月正式投产。公司现有产能5000t/a。

# 附 录

## 附录一　64 种有色金属元素

64 种有色金属包括：铝、镁、钾、钠、钙、锶、钡、铜、铅、锌、锡、钴、镍、锑、汞、镉、铋、金、银、铂、钌、铑、钯、锇、铱、铍、锂、铷、铯、钛、锆、铪、钒、铌、钽、钨、钼、镓、铟、铊、锗、铼、镧、铈、镨、钕、钐、铕、钆、铽、镝、钬、铒、铥、镱、镥、钇、钪、硅、硼、硒、碲、砷、钍。

有色金属又分为轻金属、重金属、稀有金属、贵金属和其他有色金属。

（1）轻金属：7 种，铝、镁、钾、钠、钙、锶、钡（其中钾、钠、钙、锶、钡 5 种一般为化工系统的产品）。

（2）重金属：10 种，铜、铅、锌、镍、钴、锡、锑、铋、镉、汞。

（3）稀有金属：35 种，又细分为四类：

1）稀有轻金属 4 种（在稀有金属中密度最小）：锂、铍、铷、铯。

2）稀有难熔金属 8 种（在金属中熔点较高）：钨、钼、钽、铌、钛、锆、铪、钒。

3）稀散金属7种（矿体生成极为分散、且多为与其他矿物共生、非经准确的全分析不易发现）：镓、铟、铊、锗、硒、碲、铼（有的分法，将铼分为难熔金属）。

4）稀土金属16种（其氧化物似土，故名）：镧、铈、镨、钕、钐、铕、钆、铽、镝、钬、铒、铥、镱、镥、钇、钪。

（4）贵金属：8种，金、银、钌、铑、钯、锇、铱、铂。

（5）其他有色金属：4种，硅、砷、硼、钍。

# 附录二 元素周期表

| 周期 | $I_A$ | $II_A$ | $III_B$ | $IV_B$ | $V_B$ | $VI_B$ | $VII_B$ | Ⅷ |  |  | $I_B$ | $II_B$ | $III_A$ | $IV_A$ | $V_A$ | $VI_A$ | $VII_A$ |  |
|---|---|---|---|---|---|---|---|---|---|---|---|---|---|---|---|---|---|---|
| 1 | 1 H<br>氢<br>1.0079 |  |  |  |  |  |  |  |  |  |  |  |  |  |  |  |  | 2 He<br>氦<br>4.0026 |
| 2 | 3 Li<br>锂<br>6.941 | 4 Be<br>铍<br>9.0122 |  |  |  |  |  |  |  |  |  |  | 5 B<br>硼<br>10.811 | 6 C<br>碳<br>12.011 | 7 N<br>氮<br>14.007 | 8 O<br>氧<br>15.999 | 9 F<br>氟<br>18.998 | 10 Ne<br>氖<br>20.17 |
| 3 | 11 Na<br>钠<br>22.9898 | 12 Mg<br>镁<br>24.305 |  |  |  |  |  |  |  |  |  |  | 13 Al<br>铝<br>26.982 | 14 Si<br>硅<br>28.085 | 15 P<br>磷<br>30.974 | 16 S<br>硫<br>32.06 | 17 Cl<br>氯<br>35.453 | 18 Ar<br>氩<br>39.94 |
| 4 | 19 K<br>钾<br>39.098 | 20 Ca<br>钙<br>40.08 | 21Sc<br>钪<br>44.956 | 22 Ti<br>钛<br>47.9 | 23 V<br>钒<br>50.9415 | 24 Cr<br>铬<br>51.996 | 25Mn<br>锰<br>54.938 | 26 Fe<br>铁<br>55.84 | 27 Co<br>钴<br>58.9332 | 28 Ni<br>镍<br>58.69 | 29 Cu<br>铜<br>63.54 | 30 Zn<br>锌<br>65.38 | 31 Ga<br>镓<br>69.72 | 32Ge<br>锗<br>72.59 | 33As<br>砷<br>74.9216 | 34 Se<br>硒<br>78.9 | 35 Br<br>溴<br>79.904 | 36 Kr<br>氪<br>83.8 |
| 5 | 37Rb<br>铷<br>85.467 | 38 Sr<br>锶<br>87.62 | 39 Y<br>钇<br>88.906 | 40 Zr<br>锆<br>91.22 | 41Nb<br>铌<br>92.9064 | 42Mo<br>钼<br>95.94 | 43 Tc<br>锝<br>97.99 | 44Ru<br>钌<br>101.07 | 45 Rh<br>铑<br>102.906 | 46 Pd<br>钯<br>106.42 | 47Ag<br>银<br>107.868 | 48Cd<br>镉<br>112.41 | 49 In<br>铟<br>114.82 | 50 Sn<br>锡<br>118.7 | 51Sb<br>锑<br>121.7 | 52 Te<br>碲<br>127.6 | 53 I<br>碘<br>126.905 | 54 Xe<br>氙<br>131.3 |
| 6 | 55Cs<br>铯<br>132.905 | 56 Ba<br>钡<br>137.33 | 57-71<br>La-Lu<br>镧系 | 72Hf<br>铪<br>178.49 | 73 Ta<br>钽<br>180.947 | 74 W<br>钨<br>183.8 | 75Re<br>铼<br>186.207 | 76 Os<br>锇<br>190.2 | 77 Ir<br>铱<br>192.2 | 78 Pt<br>铂<br>195.08 | 79Au<br>金<br>196.967 | 80Hg<br>汞<br>200.5 | 81 Tl<br>铊<br>204.3 | 82 Pb<br>铅<br>207.2 | 83 Bi<br>铋<br>208.98 | 84 Po<br>钋<br>(209) | 85 At<br>砹<br>(210) | 86 Rn<br>氡<br>(222) |
| 7 | 87 Fr<br>钫<br>(223) | 88 Ra<br>镭<br>(226.03) | 89-103<br>Ac-Lr<br>锕系 | 104Rf<br>铲<br>(261) | 105Db<br>钳<br>(262) | 106 Sg<br>镇<br>(263) | 107Bh<br>铍<br>(264) | 108 Hs<br>镙<br>(265) | 109Mt<br>铸<br>(268) | 110 Ds<br>铋<br>(269) | 111 Rg<br>轮<br>(272) | 112Cn<br>鿔<br>(277) |  |  |  |  |  |  |

|  |  |  |  |  |  |  |  |  |  |  |  |  |  |  |  |
|---|---|---|---|---|---|---|---|---|---|---|---|---|---|---|---|
| 镧系 | 57 La<br>镧<br>138.905 | 58Ce<br>铈<br>140.12 | 59 Pr<br>镨<br>140.91 | 60Nd<br>钕<br>144.2 | 61Pm<br>钷<br>(147) | 62Sm<br>钐<br>150.4 | 63 Eu<br>铕<br>151.96 | 64Gd<br>钆<br>157.25 | 65 Tb<br>铽<br>158.93 | 66 Dy<br>镝<br>162.5 | 67Ho<br>钬<br>164.93 | 68 Er<br>铒<br>167.2 | 69Tm<br>铥<br>168.934 | 70Yb<br>镱<br>173.0 | 71 Lu<br>镥<br>174.96 |
| 锕系 | 89 Ac<br>锕<br>(227) | 90Th<br>钍<br>232.0381 | 91Pa<br>镤<br>231.03588 | 92 U<br>铀<br>238.02891 | 93 Np<br>镎<br>(237) | 94 Pu<br>钚<br>(239.244) | 95Am<br>镅<br>(243) | 96Cm<br>锔<br>(247) | 97 Bk<br>锫<br>(247) | 98Cf<br>锎<br>(251) | 99 Es<br>锿<br>(252) | 100Fm<br>镄<br>(257) | 101Md<br>钔<br>(258) | 102No<br>锘<br>(259) | 103Lr<br>铹<br>(260) |